KB020111

8분 글쓰기 습관

The 8-Minute Writing Habit

Copyright ⓒ 2015 by Monica Leonelle

No part of this book may be used or reproduced in any manner whatever without written permission except in the case of brief quotations embodied in critical articles or reviews.

Korean Translation Copyright ⓒ 2017 by Sawoo
This Korean language edition is published by arrangement with Monica Leonelle O'Brien through BC Agency, Seoul.

이 책의 한국어 판 저작권은 BC 에이전시를 통한
저작권자와의 독점 계약으로 사우에 있습니다. 저작권법에 의해
한국 내에서 보호를 받는 저작물이므로 무단전재와 복제를 금합니다.

8분
글쓰기
습관

모니카 레오넬 지음 | 홍주현 옮김

사우

8분 글쓰기 습관이 필요한 분들

- 직장 다니랴 가족들 돌보랴, 시간이 없어서 꾸준히 글을 쓸 수가 없어요.

- 관심 있는 분야에 대해 책을 쓰고 싶은데, 과연 내가 해낼수 있을까, 출판이나 할 수 있을까 걱정돼서 진전이 안 돼요. 글을 쓰려고 하면 감정이 롤러코스터를 탄 것처럼 오르락내리락해요.

- 초고를 쓰려고 하는데, 나중에 완전히 다시 쓰게 되는 일이 생겨서 결국 시간 낭비한 꼴이 될까 봐 자꾸만 시작을 미루고 있어요.

- 퇴근하고 나면 기진맥진해요. 꼼짝하기 싫은 마음을 다잡고 컴퓨터 앞에 앉지만, 창의성이 바닥난 것처럼 글이 안 써져요.

- 집중력을 유지하기가 힘들어요. 두세 줄 쓰고 자꾸 딴 짓을 하게 돼요.

- 처음 한 줄만 쓰면 진도가 곧잘 나가는데, 그 첫 글자를 쓰는 데 너무 오래 걸려요. 나도 모르게 인터넷을 하고, 그러다가 지쳐서 한 줄도 못 쓰는 날도 있어요.

- 전업 작가가 되고 싶은데, 글 써서 먹고살 수 있을까 불안해요. 글은 안 써지고, 걱정만 하고 있어요.

습관 들이기에 가장 좋은 시간, 8분

글을 쓴다는 것은 그림을 그리는 것과 같다는 생각을 종종 한다. 글을 쓰던 그림을 그리던 직선과 곡선을 이용해서 자기 생각을 표현하는 행위인 건 마찬가지 아니던가. 뿐만 아니라 흰 바탕을 마주할 때 느끼는 두려움도 똑같다. 그림을 그릴라치면 흰 도화지 위 허공에서 연필심이 차마 종이를 향해 돌진하지 못하고 주춤거린다. 글을 쓸 때도 그렇다. 모니터 한 귀퉁이에서 앞으로 나아가지 못 하고 깜빡거리기만 하는 커서는 마치 고장 난 신호등 앞에서 옴짝달싹 못 하는 자동차 방향 지시등 같다. 한 획을 긋기만 하면, 한 글자를 적기만 하면 쭉 미끄러지듯이 앞으로 나갈 수 있을 텐데 말이다.

나는 그림 그리기보다는 글쓰기에 더 익숙하다. 덕분에 그림을 그릴 때보다 글을 쓸 때 첫 획을 긋는 시간이 훨씬 덜 걸린다. 글을 쓸 때는 아무리 막막해도 커서를 노려보는 시간이 몇 분에 지나지 않는다. 하지만 그림을 그리려고 할 때는 며칠씩 걸리기도 한다.

그러고 보면 창작의 세계에서는 시작을 얼마나 빨리 하느냐, 시작할 때 느끼는 부담감을 얼마나 익숙하게 처리하느냐가 능력을 판가름하는 게 아닐까 하는 생각을 하곤 한다. 글을 쓰던 그림을 그리던 '전문가'가 되는 과정에서 넘어야 할 첫 번째 산은 시작에 대한 주저나 미루기임이 분명하다.

이 책은 '시작'이라는 커다란 산을 넘는 방법에 관한 지침서다. 글을 쓰려고 앉으면 생기는 심리적 장애를 극복하고, 갑작스럽게 생기는 수많은 개인적 일과 직장 업무 등 외부 환경을 글쓰기와 조화롭게 만드는 전략을 설명한다. 왕성한 작품 활동을 하는 저자 본인의 경험과 저자가 가까이에서 관찰한 여러 작가의 경험을 토대로 알토란 같은 비법을 전해준다.

매일 글 쓰는 습관을 만드는 가장 효과적인 방법

이 책을 통해 독자는 전업 작가로 활동하는 사람들도 작가의 삶만을 살지는 않는다는 사실을 알게 될 것이다. 작가가 직업이기는 하지만 글쓰기가 삶을 완전히 독차지할 수는 없는 일이다. 그들도 평범한 우리와 똑같이 일상적인 일들과 씨름하며 하루 일과를 조정하고 계획하며 살고 있다.

그렇다면 전업 작가로 또는 다른 일을 하면서도 활발하게 책을 내는 사람들의 비법은 무엇일까? 다름 아닌 꾸준하게 글을 쓰는 태도에 있다. 그들에게도 복잡한 개인사가 있고, 불쑥불쑥 끼어드는 문제가 있다. 글이 마음먹은 대로 안 써지는 날도 있다. 이런 상황에서도 그들은 매일 꾸준히 글을 쓴다.

이 책에서는 꾸준하게 글을 쓰기 위해서 매일 글 쓰는 습관을 들이는 새로운 전략을 제안한다. 또 매일 글을 쓰기 위해서 불시에 생기는 여러 문제와 잡다한 일상적 업무를 조정하고, 일상과 글쓰기의 균형을 유지하는 방법을 구체적으로 알려준다.

특히 인상적인 것은 저자가 글 쓰는 습관을 들이는 방법에 대해 간단하면서도 실질적인 조언을 해주고 있다는 점이다. 글쓰기를 아침에 일어나서 하루도 거르지 않고 하는 양치질이나 커피 마시기 같은 습관으로 만들기 위해 저자는 습관 연구의 권위자가 제시하는 방법을 접목한다. 많은 실행 전문가가 목표를 이루기 위해서는 해야 할 일을 아주 작게 나눠야 한다고 조언한다. 이 방식을 습관을 들이는 데도 적용한다는 발상은 참신하면서도 매우 효과적이다. 저자는 매일 글 쓰는 습관을 들이기 위해 글쓰기를 아주 부담 없는 가벼운 일로 설정하고 훈련을 시작할 것을 제안한다. '8분'은 바로 이런 점에서 합리적인 숫자라고 할 수 있다.

하루키와 유시민처럼 쓰려면

글쓰기에 대한 조언을 하는 작가 가운데 적잖은 사람이 매일 쓰기를 강조한다. 《직업으로서의 소설가》에서 무라카미 하루키는 매일 규칙적인 생활을 하는데, 그 가운데 일정한 시간 동안 일정한 분량을 매일 쓴다고 밝힌다. 마치 직장인처럼 말이다. 소설가 장강명도 매일 대여섯 시간씩 쓴다고 한다. 이들의 열정과 성실함에 감탄하지 않을 수 없다.

하지만 글을 쓰려고 자리에 앉으면 한참을 머뭇거리는 초심자나, 그렇지 않더라도 이런저런 일로 시간이 넉넉지 않은 평범한 사람에게는 쉽게 덤빌 수 있는 목표가 아니다. 습관 들이기 측면에서도 하루 '몇 시간씩 글쓰기'라는 목표를 갖는 것은 바람직하지 않다. 하루키나 장강명처럼 하려고 작심했다가는 오히려 글쓰기 습관을 멀리 내쫓는 결과를 초래할 게 뻔하다.

한편, 이보다 현실적인 조언을 하는 사람도 있다. 《뼛속까지 내려가서 써라》, 《작가 수업》 등 글쓰기를 주제로 여러 책을 쓴 소설가 나탈리 골드버그는 매일 20분씩 쓰기를 권유한다. 요즘 작가로 활발하게 활동하는 유시민 역시 20~30분씩 메모하는 습관을 들이라고 한 바 있다. 친구 뒷 모습을 묘사하든, 이성친구가 있는 사람들을 질투하는 글이든 메모하듯이 매일 20~30분씩 짬을 내서 쓰면 한 달이면 13시간이 넘는다. 그렇게 1년이 지나면 그렇지 않은 사람과 글쓰기 수준이 초등학생과 대학생 정도 차이가 난다고 강조한다.

맞는 말이다. 이 책에서 얻고자 하는 효과도 바로 이와 같다. 20분이라도 매일 꾸준히 쓰는 것이 뛰어난 작가들이 입을 모아 말하는 '비법'인 것이다. 다만, 불과 몇 년 전까지만 해도 하루 20~30분은 부담 없는 시간이었지만, 지금은 그렇지 않다는 사실이 다를 뿐이다.

하루가 다르게 우리에게는 할 일이, 그리고 익히고 알아야 할 것들이 많아지고 있다. 이런 심적 부담이 있는 상태에서는 하루에 20~30분씩만 시간을 내자는 결심도 오래 지속하기 어려울 것이다.

하지만 20~30분의 반도 안 되는 시간인 8분은 더없이 가볍다. '에계, 겨우 8분? 8분 동안 뭘 할 수 있겠어?'라는 생각이 들 정도니까!

8분이 너무 짧다고 짐작해 더 많은 시간을 할애하겠다는 마음은 애초에 접는 게 나을 것이다. 그러다가 며칠도 안 가 두 손 들고 말 가능성이 크다.

정말이지 8분은 뭔가를 연습하기에 충분하다. 이에 관한 설명은 본문에 자세히 나와 있다.

오래 전에 인상 깊게 본 영화인데, 아직까지 기억나는 장면이 있다. 주인공은 매일 정확히 15분 동안 피아노 연습을 했다. 그 15분이 쌓여 일이 년 뒤에 연주회를 열 정도로 실력이 비약적으로 발전했다.

따라서 지금 우리가 신경 써야 할 것은, 우습게 여길 정도로 만만한 시간인 '8분 글쓰기'를 매일 해내리라는 자신감을 충전하는 것뿐이다. 무엇보다 '8분'은 저자가 직접 경험하면서 발견한 최적의 시간이다. '8분 글쓰기 습관'을 들이기만 한다면, 저자가 그랬듯이 지금보다 짧은 시간 동안 더 많이, 더 잘 쓰게 되는 효과를 얻을 것이다.

지지와 격려가 필요해

저자는 글쓰기 습관을 들이는 데 필요한 태도와 전략을 핵심만 정리해 간략하게 설명한다. 때문에 저자가 이전에 펴 낸 책이나 저자가 운영하는 블로그를 미처 읽어보지 못한 독자들은 내용이 얼른 이해되지 않는 측면이 있다. 나는 우 리말로 옮기는 과정에서 저자가 언급한 사이트와 칼럼, 전 작을 찾아서 확인하고, 독자에게 필요하다 싶은 정보를 간 략하게 보완했다. 또한 저자가 제시하는 방법 가운데 우리 현실에 맞지 않는 내용은 국내 사정을 소개하는 것으로 대 신했다. 그 밖에 독자의 이해를 돕고자 내 경험을 바탕으로 일부 보충 설명했으니, 부디 넓은 아량으로 읽어주길 바란 다. (본문에서 '덤'은 옮긴이가 쓴 글이다.)

또한 저자는 이 책의 후반부에서 '8일 동안 8분 글쓰기' 과정을 훈련하도록 안내하고 있다. 저자는 8일간 훈련하면 서 서로 지지하고 격려하는 차원에서 SNS를 이용하자고 제 안한다. 매일 8분 글쓰기를 하고 난 뒤 자신의 모습을 찍어

자주 이용하는 SNS에 올리거나 댓글을 다는 식으로 같은 길을 가는 사람들끼리 서로를 응원하자는 의미다.

무슨 결심이든 습관으로 자리 잡기 전에는 자칫 작심삼일로 끝나기 쉽다. 이를 방지하기 위해서 느슨하게나마 온라인 커뮤니티를 갖는 것은 매우 효과적이다. 혼자보다는 여럿이 함께 가면 훨씬 수월하다. 다만 언어 문제로 인해 저자와 SNS로 직접 소통하기 어렵다. 따라서 이 역할을 옮긴이가 대신하고자 하니 이 또한 양해를 구한다.

가벼운 마음으로 이 책을 읽어나가면서 실제로 도움을 얻기를 기원한다. 무엇보다 즐겁게 '8분 글쓰기 습관'을 함께하며 서로 응원하는 동료로서 SNS에서 만날 수 있기를 기대한다.

홍 주 현

1장 글쓰기를 가로막는 '작가 장벽' 넘어서기

2장 매일 꾸준히 쓰게 해주는 전략 8가지

3장 하루 8분 8일간 훈련으로 꾸준히 쓰는 습관 만들기

꾸준히 매일 쓰는 것이 답이다

나는 첫 저서로 《더 빠르게 더 잘 쓰기》를 출간했다. 이 책의 주제는 글쓰기 '생산성'이다. 제목에서 드러나듯이 더 빨리 완성도 높은 글을 쓸 수 있는 방법을 소개하고 있다. 책 출간을 준비하고 있는 사람들에게 이 책이 그토록 좋은 반응을 얻으리라고는 전혀 예상하지 못했다. 이 책을 준비하고 출간하면서 나는 그저 나와 비슷한 고민을 안고 있을 다른 전업 작가들에게 도움이 되리라고만 여겼다. 작가로서 이미 확고한 글쓰기 시스템을 갖추고 있지만, 지금보다 더 빨리 쓰는 방법을 찾고 있을 동료 작가들에게 내가 터득한 방법을 나누어주고 싶은 마음이었다.

그런데 내 예상은 한참 빗나갔다. 내 책을 읽은 독자는 대부분 몹시 힘들게 글을 쓰고 있는 사람들이었다. 직장 일과

가외 업무로 몹시 바쁜 사람들, 가족을 돌보느라 하루하루 허덕이며 사는 사람들, 내년에 첫 책이나 연재물을 출간하려는 큰 꿈을 갖고 있으나 진전이 안 돼 고민하는 사람들이었다. 대부분 글을 쓰기 시작한 지 얼마 되지 않은 이들이었다. 어떻게 책 쓸 시간을 확보할 수 있는지, 어떻게 하면 더 잘 쓸 수 있는지 알아내려고 고군분투하는 이들이었다.

전작《더 빠르게 더 잘 쓰기》를 읽고 나서 자기 안에 있던 글쓰기 잠재력의 빗장이 풀렸다는 이가 수천 명에 이르렀다.

"어떻게 발동을 걸어야 할지 대충 알고는 있었지만, 이 책을 읽고 나서야 완전히 이해하게 됐다. 덕분에 소설 한 편을 완성하는 시간이 놀라울 정도로 단축되었다." – 세이블 조던 Sable Jordan, 연재 추리 소설《키지 볼드윈Kizzie Baldwin》 저자

"책을 다 읽기도 전에 실천하기 시작했다. 별다르게 애쓰지 않았는데도 글 쓰는 속도가 정말 빨라졌다. 시행착오를

몇 번 겪고 나니, 시간당 쓰는 단어 개수가 평균 1500개에 이르렀다. 이전보다 엄청나게 빨라졌다." - 에디슨 T. 크럭스 Edison T. Crux, 연재소설《에녹 이야기Enoc Tales》저자

"저자의 훌륭한 글쓰기 요령은 경력이 길든 짧든 모든 작가에게 유용한 새로운 방법이다." - 조안나 펜Joanna Penn, 뉴욕타임스 및 USA투데이 선정 스릴러 부문 베스트셀러 작가(필명 J.F.Penn), 《출판 마케팅 방법How to Market a Book》저자, TheCreativePenn.com 설립

"작년에 읽은 글쓰기 방법에 관한 책 중 최고다. 책값보다 10배 유용하다." - 케빈 크루스Kevin Kruse, 뉴욕타임스 선정 베스트셀러 작가, 포브스 칼럼니스트

"마치 내가 쓴 책을 읽는 듯했다. 저자의 일기를 읽을 때는 매일 하고 있는 내 생각을 읽고 있는 듯한 기분이 들었다. 저

자가 자신을 관찰하면서 애쓴 모든 노력이 내게 도움이 되리란 것을 깨달았다." – 아이디 Plunme33, 아마존 후기

이처럼 《더 빠르게 더 잘 쓰기》로 얻은 효과에 놀라워 하면서 책을 강력하게 추천하는 사람들의 후기가 계속 올라왔다. 이런 리뷰를 읽으면 첫 책을 준비하고 출판하면서 고생한 보람을 충분히 만끽할 수 있었다.

하지만 오래 기뻐할 수 없었다. 책은 좋았지만 자신의 글쓰기 습관에 큰 진전을 보지는 못했다는 사람도 나타나기 시작했다. 이런 독자의 모습을 보는 것이 나로선 엄청난 고역이었다. 나는 《더 빠르게 더 잘 쓰기》를 통해서 글쓰기란 어렵거나 시간이 많이 들고 힘든 일이 아니며 어쩌다 한 번 하는 일이 아니라는 사실을 알리고 싶었다. 그런데 내 책을 읽고 나서도 잠재력 있는 독자가 글쓰기 습관에 진전이 없었다고 한다. 그렇다면 뭔가 대책을 마련해야 했다.

당신의 글쓰기가 지지부진한 이유

나는 첫 책에서 부족했던 부분을 다음 책에서 보완해야겠다고 마음먹었다. 내가 무엇을 놓쳤을까? 독자는 어떤 부분이 아쉬웠을까? 수많은 독자 후기를 유심히 살폈다. 그들의 의견에는 내가 생각지 못했던 놀라운 통찰력이 넘쳐났다.

아래 의견 가운데 당신에게도 해당하는 것이 있는지 살펴보시라.

"매일 글을 쓴다는 게 너무 힘들다. '부업이라도 해야 하지 않을까?' 고민할 때가 있다."

"관심 있고 좋아하는 분야에 대해 원고를 썼는데, 책이 안 팔릴까 걱정된다."

"혼신을 다했는데 실패하면 어쩌나 하는 걱정 때문에 주저하게 된다."

"경력을 더 쌓기 위해 무엇을 어떻게 더 해야 할지 잘 모르겠다. 답답하다. 조만간 어떻게든 되겠지, 하는 마음으로

그저 계속 글을 쓰려고 한다."

"책으로 먹고살 자신이 없어서 생계를 해결할 다른 방법을 찾고 있다. 앉아서 '그냥 쓰자'라고 마음먹으면 걱정과 불안이 집 천장을 뚫을 지경이다."

"나는 여러 가지 일을 동시에 해내는 스타일이 아니다. 예를 들면, 나는 책을 쓸 수 있고 홍보도 할 수 있긴 하지만, 한 가지 일에 정신을 다 쏟는 나머지 다른 일은 손도 대지 못한다."

"가족들에게 협조를 구하기 어렵다."

"사실 엉덩이를 붙이고 앉아서 꾸준히 쓰는 일 자체가 제일 힘들다."

"온전하게 글을 쓸 수 있는 나만의 공간이 없다. 무심코 들어와서 방해하는 사람들을 막을 방법이 없다."

"집중력을 유지하는 게 제일 어렵다. 컴퓨터 앞에 앉아서 자꾸 딴 짓을 하게 된다."

"직장 일을 하느라 내 창의성과 기력이 바닥이 났다."

"직장을 다니고 있고 사랑스러운 아이가 둘이나 있다. 쓰고 싶은 글을 쓸 시간과 에너지가 남아나질 않는다."

"직장 업무를 하느라 시간과 기력을 다 소진한다. 밤에 집에 가면 아무것도 쓰지 못하는 날이 태반이다."

"내 안에 있는 완벽주의자와 늘 씨름한다. 진짜 문제가 어디에 있는 건지, 또 내 안의 완벽주의자가 어디에서 이토록 나를 비난하고 있는 건지 모르겠다."

"옴짝달싹 못 하고 머릿속에 갇힌 기분이다."

"글을 쓰지 못 하고 계속 조사만 하고 있다."

"업무와 관련해서 당장 써야 할 글이 있다. 업무 관련 글을 쓰느라 내가 쓰고 싶은 글을 못 쓰고 있다."

"계획을 세워놓긴 했지만 자신이 없다."

"퇴고에서 막혔다!"

"초고가 엉망진창이다. 볼품없는 내 글을 보면 난감하기

짝이 없다."

독자 후기를 꼼꼼하게 읽어본 뒤 첫 책을 쓸 때 가졌던 내 생각이 대단히 잘못됐었다는 사실을 깨달았다. 나는 글을 쓰고 싶어 하는 사람은 대부분 더 빨리 탈고하는 방법을 알고 싶어 하리라고 여겼다. 그런데 얘기를 들어보니 실은, 글을 쓰는 자체 또는 지속적으로 글을 쓰는 문제로 고민하고 있는 사람이 많았던 것이다.

나는 이런 사람들에게 도움이 되는 책을 쓰기로 마음먹었다. 글을 쓰고 책을 출간하고 싶은 마음은 굴뚝같지만 심리적인 장벽에 가로막혀 글쓰기에 진전이 없는 사람들, 바쁜 일상에 치여 글 쓸 시간을 내지 못해 괴로워하는 이들을 위해 나는 구체적인 방안을 제시하는 책을 쓰기로 했다. 단지 빠르게 쓰거나 잘 쓰려는 목적이 전부가 아니라 글쓰기와 바쁜 일상을 통합하고, 정체돼 있는 원고 작업에 날개를 달아줄 실질적인 도움이 될 내용으로 말이다.

이 책 《8분 글쓰기 습관》에는 직장 생활 하느라, 돌봐야 할 가족이 있어서, 하루 종일 수업을 들어야 하는 학생이라서 시간이 없는 이들을 위한 참신하고 새로운 내용이 담겨 있다. 글쓰기 습관을 들이기 위해 이런저런 시도를 해보고 연습할 시간이 없는 바쁜 사람들에게 큰 도움이 될 것이다.

너무 바쁘고, 자꾸 미루는 사람들을 위한 핵심 전략

책은 총 3장으로 구성되어 있다.

먼저, 글쓰기를 방해하는 장애물을 전부 없앨 것이다. 많은 작가가 '작가 장벽(writer's block, 작가들이 글을 쓸 내용이나 아이디어가 떠오르지 않아 애를 먹는 상황)' 때문에 힘들어 하고 있다.

2년 전 나 역시 '작가 장벽'과 씨름하던 때가 있었다. 그때 나는 진절머리 나도록 내적 갈등을 겪기도 했다. 당시 나는 글을 쓰려고 책상에 앉아서는 이런 낙서를 하염없이 끄적였다. '간절하게 글을 쓰고 싶어 하면서도 정작 쓰지는 않고 있다. 나는 왜 글을 쓰지 않고 있는 것이지? 왜 미루고만 있는 거지? 나는 왜 이렇게 게으른 거지? 왜 열심히 하지 않는 거지? 해야 하는 줄 알면서도 대체 왜 하지 않는 걸까?'

당신도 혼자 속으로 끊임없이 이렇게 말하고 있다면, 첫 번째 장을 꼭 읽으시라. 이 장에서 제시하는 방법을 통해 앉아서 글을 쓰는 데 필요한 마음자세를 다잡게 될 것이다. 자연히 마음속에서 일어나던 갈등도 줄어들어 꾸준히 글을 쓸 수 있다.

다음으로, 전업 작가가 원고를 완성하는 동안 매일 사용하는 최고 전략 8가지를 설명한다. 이 전략은 온종일 글을 쓰는 작가의 습관을 연구하고 그들의 행동 패턴을 기록하면서 도출한 것이다. 전략 한 가지만 알아도 한 주 또는 한 달 동안 쓰는 단어 개수가 급증할 것이다. 전략을 하나씩 실천하면서 모두 익히면 각자 품고 있는 최종 목표에 성큼 다가설 것이다.

만약 책을 연달아 내는 작가를 보면서 어떻게 그렇게 할 수 있는지 궁금한 적이 있었다면, 특히 첫 책을 완성하느라

고군분투하고 있는 사람이라면, 이번 장에서 그 비법과 요령을 알게 될 것이다.

혹시 한 해 두세 권씩 책을 내는 작가를 초인이라고 여기고 있지는 않은가? 결코 그렇지 않다. 그들도 우리처럼 평범한 사람들이다. 몇 가지 간단한 변화만으로 당신도 그들만큼 혹은 그보다 더 나은 성과를 낼 수 있다.

마지막으로, 지금보다 빨리 그리고 꾸준하게 글을 쓸 수 있는 아주 간단한 계획을 제시할 것이다. 해야 할 일이 산더미처럼 쌓여 있을 때도 빨리 그리고 꾸준하게 글을 쓸 수 있도록 해주는 계획이다.

이름 하여 8×8 도전! 하루에 8분씩, 8일이면 된다. 너무 간단하지 않은가. 시작에서부터 실천하는 과정, 그리고 마무리까지 더할 나위 없이 부담 없고 단순하다. 매일 글을 쓸 수 있는 튼튼한 글쓰기 근육을 갖고 싶은 독자라면 이 도전에 흠뻑 빠지게 될 것이다.

《8분 글쓰기 습관》으로 침체돼 있는 글쓰기 작업을 다시 활발하게 가동하고, 꾸준히 지속하는 방법을 익힐 수 있다. 이제 당신은 글쓰기 작업과 일상적인 삶에서 새로운 국면을 맞이하게 될 것이다.

《8분 글쓰기 습관》은 글쓰기 습관을 들이는 데 실패 없는 방법을 알려주고자 한다. 바쁜 일상 속에서 즉각적으로 글쓰기 성과를 내고 싶다면 이 책이 매우 유용할 것이다.

1장

글쓰기를 가로막는
'작가 장벽'
넘어서기

글쓰기를 방해하는 심리적 장벽 5가지

　글은 '엉덩이로 쓴다'는 말이 있다. 한때 나 역시 '엉덩이를 의자에서 떼지 않는 것'이 꾸준하게, 더 많은 글을 쓰는 방법이라고 생각했다. 한심하게도 팟캐스트, 책, 블로그 등에서 이런 말을 반복해서 했다. 신참 작가나 작가가 되려는 사람들에게 마치 현명한 조언이라도 되는 양 기회 되는 대로 이렇게 떠들어댔다.

　그런데 나는 더 이상 글쓰기 때문에 고민하는 사람들에게 "엉덩이를 의자에서 떼지 마세요."라고 조언하지 않는다. 오히려 지금은 그런 말을 들으면 발끈한다. "제발, 그 입 다무

세요!" 아니, 엉덩이를 떼지 않고 오래 앉아 있기만 하면 될 정도로 글쓰기가 쉽다면 세상 모든 사람들이 다 작가가 되고도 남지 않겠는가!

내 태도가 이렇게 180도 바뀌게 된 건 글쓰기 생산성에 대한 이해가 깊어진 덕분이다. 지난 몇 년 동안 나는 다음과 같은 시행착오를 거쳤다.

- 5년 동안, '글은 엉덩이가 쓴다'는 믿음으로 버텼다. 그로 인해 미루기, 자기혐오로 괴로운 나날을 보냈다. 정체되는 원고 작업을 진척시키려고 고통스럽게 투쟁했으나 성과는 나지 않았다.
- 1년 동안, 온종일 의자에 앉아 있지 않아도 되는 새로운 글쓰기 방법을 탐구했다.
- 2년 동안, 수많은 작가의 노하우를 수집하고 연구했다.

무턱대고 오래 앉아 있는 방법은 작가 지망생들이 철석같이 믿고 있는 최악의 충고다. 왜 이 조언이 불변의 진리처럼 행세하게 되었는지 모르겠다. 이 조언이 말도 안 되는 이유는 다음과 같다.

지뢰밭에서 길을 잃었다고 상상해보자. 지뢰밭을 빠져나갈 방법은 두 가지다.

시나리오 A: 괜찮아 보이는 길을 걸어가면서 지뢰를 밟지 않기를 기도한다.

시나리오 B: 며칠 동안 지뢰가 어디 있는지 파악해서 지뢰를 피할 방법을 찾거나 제거한다. 그리고는 지뢰밭을 가로질러 간다.

당신이라면 어떤 방법을 택하겠는가?

이번에는 두려움, 의심, 부정적인 내면의 갈등, 자신감 부족, 글쓰기 장애물 사이에서 길을 잃었다고 상상해보자. 그곳을 벗어나는 방법은 두 가지다.

시나리오 A: 주구장창 책상에 앉아서 그 상태에서 벗어나기를 기도한다.

시나리오 B: 며칠 동안 두려움, 의심, 부정적인 내면의 갈등, 자신감 부족, 글쓰기 장애물을 파악한 뒤 그것들을 피하거나 제거한다. 그런 다음 앉아서 글을 쓴다.

나는 시나리오 A와 B 모두 시도해봤다. 시나리오 A를 시도했던 5년 동안(2009-2013) 매년 책 한 권을 출판했다. 시나리오 B대로 했던 첫 해(2014)에는 책 8권과 단편소설을 발표했고, 이듬해인 2015년에는 22권을 냈다.

이러한 성과 차이는 '의자에서 엉덩이를 떼지 않고 버티는' 태도에 있지 않다. 2009년부터 2013년까지 나는 분명, 무엇이든 쓰려고 애쓰면서 많은 시간을 컴퓨터 앞에 앉아서 보내긴 했다. 하지만 진짜 차이는 2013년 말, 글쓰기에 관한 내 근본 문제에 접근하려고 할 때부터 나타나기 시작했다. 문제는 시간 부족, 노력 부족, 의욕 부족이 아니었다. 대부분 감정 상태, 공포, 불안에서 생긴 문제였다. 이 때문에 진득하게 눌러 앉아 있는 전략이 무용지물이었던 것이다.

두 사람이 어떤 일을 똑같은 방법으로 해도 그 결과는 확연히 다른 경우가 있다. 대표적으로 적정 몸무게를 유지하는 일이 그렇다. 몸무게를 유지하는 방법을 모르는 사람은 없다. 체중을 유지하려면 자기가 먹은 음식의 열량보다 더 많은 칼로리를 소비하면 된다. 똑같이 알고 있는 이 정보를 활용해서 청년 시절 몸무게를 유지하는 사람이 있는 반면,

나이와 함께 몸무게를 늘려가는 사람이 있다. 사람들은 대부분 이 양 극단 사이를 왔다 갔다 한다.

이러한 차이 역시 문제의 근원을 뿌리 뽑느냐에 달려 있다. 신체 측면에서 보면, 이를 '정서적 섭식' 같은 말로 표현할 수 있을 것이다. 하지만 글쓰기에서는 이 같은 현상을 일컬을 만한 말이 없다. '정서적 지연'이라고 하면 적절할까?

2013년에 두 달 동안 꾸준하게 글 쓰는 습관을 들이기 위해 여러 시도를 하면서 비로소 내 문제점을 발견할 수 있었다. 그 전까지는 왜 감정적 지연이 생기는지 파악하지 못하고 있었다. 내가 겪고 있는 어려움(작가 장벽)이 글쓰기 생산성을 높이는 확실한 방법을 적용하지 못하게 막는 실질적인 원인이라는 것도 몰랐다. 그러니 당연히 이를 극복하지 못하고 있었다.

글쓰기와 관련해서 어딘가에 갇혀 옴짝달싹 못 하겠다는 기분이 든 적이 있는가? 그렇다면 그 원인은 당신이 의자에 눌러앉아 있지 못해서가 아니다. 이 사실을 다시 한번 강조한다. 그런 기분이 드는 건 감정적으로 글쓰기를 미루는 상태에 시달리고 있기 때문인 것이다.

해결책은 간단하다. 꾸준하게 글을 쓰지 못하게 방해하는 '작가 장벽'을 없애면 된다. 단, 매일 글을 쓸 때마다 등장하는 감정의 지뢰밭에서 길을 잃기 전에 없애야 한다.

이 책의 핵심인 8가지 전략으로 매일 글 쓰는 습관을 결국엔 익히겠지만, 그 전에 자기 앞을 가로막는 장애물을 전부 반드시 없애야 한다. 따라서 이번 장에서는 글을 쓸 때 느끼는 '작가 장벽'을 극복하는 데 초점을 두고자 한다. 이 과정이 무사히 끝나면 '엉덩이로 쓴다'는 말을 더 이상 꺼낼 필요가 없을 것이다.

미리 말하자면, 이번 장에서 우리는 어렵고 예민한 문제에 깊이 파고 들어갈 것이다. 마음 깊은 곳에서 어떤 울림이 느껴지면, 그곳에서부터 자기 문제의 근본 원인을 탐색하면 된다. 뭔가 실마리가 보이는 것 같을 때마다 스스로 짐작하는 문제점을 계속 기록하라. 그렇게 문제의 정체를 인지하기 시작하면 글쓰기 장애물을 없애는 작업에 돌입한 것이다.

글을 써봤자 아무 보상이 없을지도 몰라

'작가 장벽' 가운데 가장 견디기 힘든 장애물은 불확실성이다. 즉, 글쓰기로 돈을 벌 수 있을까 하는 의구심이다. 며칠, 몇 달, 몇 년 동안 이런 의구심에 사로잡혀 있을 수도 있다. 처음에는 왜 자신이 글을 쓰고 싶어 하는지 하루에도 몇 번씩 스스로에게 묻기도 한다.

"글쓰기에 내 시간과 에너지를 투자하는 게 맞는 걸까? 내가 할 수 있는 더 생산적인 일이 있지 않을까? 고생고생해서 책을 출간했는데 돌아오는 게 없으면 어떡하지? 심혈을 기울여서 썼는데 아무도 읽지 않으면 어떡하지?"

먼저 이런 의구심이 왜 생기는지 살펴야 한다. 혹시 글쓰기를 즐기기보다 성과나 책 출간으로 얻을 이익에 지나치게 초점을 맞추고 있는 것은 아닌가? 그렇다면 이는 통제와 관련한 태도의 문제이다.

책에 대한 평판이나 판매는 우리 마음대로 어찌 할 수 없다. 우리는 최선을 다할 뿐, 결과는 신의 영역이라고밖에 할 수 없다. 이 사실을 인정해야 한다. 삶의 많은 부분이 그렇듯이 말이다. 이런 의구심에 사로잡히기 시작할 때면 누구도 결과를 통제할 수 없다는 사실을 자각하라. 그러고 나면 글쓰기를 미루는 진짜 이유를 찾게 될 것이다.

이번에는 '작가 장벽 1'을 해결하는 4단계를 살펴보자.

글을 쓰는 목표와 글쓰기를 분리한다

당신은 글을 써서 무엇을 얻고 싶은가? 사람들은 보통 다음과 같은 소망과 목표를 갖고 있다.

"직장을 그만두고 전업 작가가 되고 싶다."

"베스트셀러 작가가 되고 싶다."

"돈을 많이 벌고 싶다."

"시간을 자유롭게 쓰면서 주도적으로 진짜 내 삶을 살고 싶다. 친구, 가족과 더 많은 시간을 보내고 싶다."

"내 열정으로 돈을 벌 수 있는, 꿈에 그리던 일을 하고 싶다."

"내 글을 읽고 사람들이 호응해주면 좋겠다."

"평단의 호평을 얻고 싶다."

"내 유산을 남기고 싶다."

전부 멋지고 고귀한 목표다. 이런 바람을 드러내는 것을 어색해하거나 부끄러워할 이유가 없다. 바라거나 노력한다고 반드시 얻을 수 있는 것도 아니다. 작가 경력에 써 넣을 정도의 성과가 당장 발생하는 것도 아니다.

내가 무엇을 바라는지를 알면 현재 삶에서 무엇이 불만인지를 알 수 있다. 가령, 전업 작가가 되고 싶어 한다면 지금 다니는 직장에 출근하기가 정말 싫다는 의미일 수 있다. 내 글을 읽고 공감해주는 사람들이 있으면 좋겠다고 생각한다면, 사석에서나 직장에서 무시당하거나 주목받지 못 한다고 느끼기 때문일 수 있다. 자기 자신을 살펴보면서 왜 그것을 바라는지 깊이 파고들어 가보라.

삶의 큰 문제를 해결하기 위한 방책으로 글쓰기를 택했을 수도 있다. 예를 들어 갚아야 할 빚이 많아서 또 다른 수입원을 찾고 있는 것일 수도 있다. 유산으로 책을 남기고 싶어 한다면 건강을 염려하고 있거나 죽음을 두려워하고 있는 건지도 모른다. 자신이 갖고 있는 문제의 근원을 규명해보자.

그러면 그 문제가 삶의 다른 영역과 관련이 있지 글쓰기와 전혀 상관없다는 사실을 깨닫게 될 것이다.

'왜' 자신이 하필이면 이런 성과를 얻고 싶어 하는지 생각해보고, 바라는 것을 얻기 위한 방법이 글쓰기밖에 없는지 진지하게 고민해보라.

- 다니고 있는 직장이 싫다면 근무지를 바꾸거나 직장에서 자신의 태도를 바꿀 수 있다. 혹은 지금 다니는 직장을 그만두고 다른 일을 찾아볼 수 있지 않을까.
- 자신의 능력을 가족과 주변 사람들에게 증명해 보이고 싶어서 베스트셀러를 쓰고 싶은 것이라면 지금 하고 있는 일을 더 잘하는 방법도 있지 않을까.
- 돈이 필요하다면 근무 시간을 더 늘리거나 주말에 할 수 있는 다른 일을 찾아보면 어떨까.
- 자신의 생각을 세상에 알리고 싶다면 블로그에 글을 올려 사람들이 자유롭게 읽게 하면 되지 않을까.
- 일하는 시간을 유연하게 조정하고 싶다면 상사와 상의하거나 재택근무를 하겠다고 제안해볼 수 있지 않을까.

불만스러운 현재 삶을 해결하는 유일한 방법이 글쓰기가 아니라는 사실을 깨달으면 앞에서 열거한 소망과 목표에 덜 집착할 수 있다. 성과에 대한 기대를 접거나 또는 좋은 성과를 얻어야만 하는 절박한 사정(책이 팔리지 않으면 월세를 내지 못한다거나 하는)을 다른 방법으로 해결함으로써 글쓰기를 훨씬 가볍게 여길 수 있는 것이다.

글쓰기 습관을 들이기 전에 해결해야 할 문제

마지막으로, 글쓰기 습관을 방해하는 난제 몇 가지를 살펴보자. 글쓰기 습관을 들이려면 다음과 같은 문제부터 다뤄야 한다.

- 생활비 마련 등 먹고사는 문제로 어려움을 겪고 있으면 글쓰기를 지속하지 못한다. 재정 문제부터 해결하고 나서 글쓰기를 고민하라.
- 글을 잘 쓴다는 호평으로 자존감을 높이려고 할 때도 꾸준하게 쓰기 어렵다. 기고만장과 의기소침 사이를 격렬하게 왔다 갔다 하게 되기 때문이다. 결코 건강한 상

태가 아니다.

• 신체가 건강하지 않으면 글을 꾸준하게 쓸 수 없다. 식
  생활, 스트레스 관리, 생활 습관은 전부 컨디션에 큰 영
  향을 미친다. 기력이 없으면, 글쓰기도 없다.

글을 쓰는 데 해로운 습관 몇 가지를 예로 들어보았다. 이
같은 태도와 환경에서는 시작하기도 전에 글쓰기 습관 훈련
을 망치고 만다. 자신에게 글쓰기 습관을 방해하는 큰 장애
가 있는지 먼저 점검해야 한다.

내가 진정 원하는 목표가 무엇인지 재평가한다

바라는 성과와 글쓰기를 분리해서 더 이상 결과에 대해서 특별한 기대를 하지 않으면, 자신이 책을 진정으로 쓰고 싶은지 아닌지 알 수 있다. 책으로 수익을 내지 못하고, 베스트셀러 근처에도 가지 못하고, 별 다섯 개 호평을 받지 못할지라도 여전히 책을 쓰는 것이 당신에게 중요한 일인가?

그렇지 않다는 답이 나오더라도 낙담하지 말라. 나 역시 그와 비슷한 일이 있었다. 몇 년 동안 나는 기타 치는 법을 배우겠다는 목표를 세워놓은 적이 있었다. 하우스 파티(시골 저택에서 손님들이 며칠씩 머물면서 하는 파티)가 열릴 때 악기를 연주하면서 노래를 부르면 얼마나 근사하게 보일까! 별일 아니라는 듯 가볍게 기타를 집어 들고 아름다운 음률을 연주해 파티의 스타로 등극하고 싶었다. 파티에서 악기 연주하는 지인을 보면 너무나 멋있어 보였다. 나도 기타를 잘 치고 싶다는 간절한 바람을 오랫동안 갖고 있었지만, 이상하게도 연습을 열심히 하게 되지 않았다.

그러다가 파티의 스타가 되고 싶은 바람을 접고 나니, 내가 기타 연주를 전혀 좋아하지 않는다는 사실을 깨달았다. 내 기타는 10년째 침실 탁자 옆에 얌전히 서 있다. 기타에는 차곡차곡 먼지만 쌓여가고 있다. 가끔은 내게 맞지 않는 목표나 취미는 포기해도 괜찮다는 교훈을 떠올리게 하면서 말이다.

글쓰기도 마찬가지다. 당신이 진정 글을 쓰고 싶어 하는지 아니면 글쓰기를 통해 무언가를 얻고 싶은 것인지 고민해야 할 시점이 온 것이다.

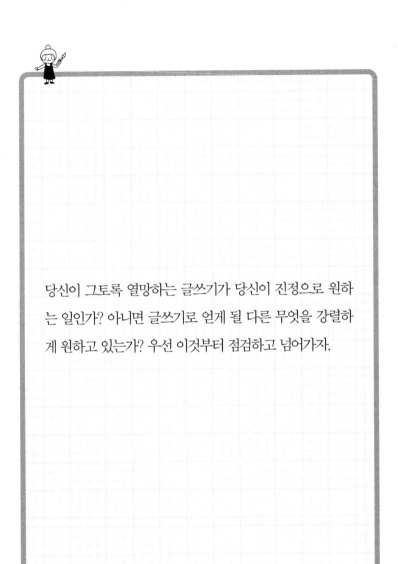

당신이 그토록 열망하는 글쓰기가 당신이 진정으로 원하는 일인가? 아니면 글쓰기로 얻게 될 다른 무엇을 강렬하게 원하고 있는가? 우선 이것부터 점검하고 넘어가자.

초심으로 돌아가면 보이는 것

  작가가 되고 싶은 이유는 아마도 말하고 싶은 사연이 있거나 나누고 싶은 의견이 있기 때문일 것이다. 글은 자기를 표현하는 자연스러운 도구다. 글쓰기를 다시 시작하려면 글쓰기에 영감을 준 계기에 다시 다가가야 한다. 처음 글을 쓸 때 생각했던 사연이나 생각을 다시 떠올리는 것이다.

  초심으로 돌아가는 방법은 많다. 몇 가지만 꼽아보자.

- 동창, 직장 동료, 고객 등 글을 써야겠다는 생각을 하게 해준 사람과 연락하기
- 지인들에게 생각하고 있는 작품의 개요에 대해 얘기하기
- 작가 친구에게 쓰고 있는 글의 첫 부분 보내기

- 동기부여를 지속하기 위해 비평 쓰기 모임에 들어가거나 글쓰기 모임 만들기(오프 모임이나 온라인 모임, 또는 둘 다)
- 생각이나 이야기를 노트에 쓰기(개요 형식으로 또는 마인드맵이나 시간표 같은 다른 구조로)
- 쓰고 싶은 책과 비슷한 책을 골라 푹 빠져 읽기
- 써놓은 연재 소설이 있으면 다시 읽기
- 작가 강연회나 책 사인회에 참가하기. 아니면 도서관이나 서점이라도 들르기
- 쓰려는 주제로 발표하기, 동영상 찍기, 또는 블로그 포스팅 하기

스스로 영감을 다시 불어넣음으로써 심연으로 가라앉은 동기를 자극하는 것이다. 이 방법은 대단히 효과적인 동기부여 활성제다. 이 방법을 시도하면 글쓰기를 다시 시작하지 않고서는 못 베길 것이다. 그제야 비로소 2장에서 소개하는 전략을 쉽게 이해하면서 읽어나갈 수 있다.

성과를 내겠다는 기대 없이 가볍게

새로운 것을 배울 때 처음에는 누구나 서툴다. 가령, 축구 공을 한 번도 차본 적이 없는 사람은 맨체스터 유나이티드 잔디밭으로 걸어 들어갈 기회를 얻으리라 기대하지 않는다. 자기가 찬 공이 맨유 경기장을 가로질러 골대 사이로 정확하게 들어가는 모습을 상상조차 하지 않는다.

그런데 어쩐 일인지 글을 쓰는 사람들은 화려한 작가 데뷔를 꿈꾼다. 첫 책이 영화 제작 계약으로 이어져 부자가 될 수 있다는 꿈을 꾸는 사람이 많다. 첫 책으로 베스트셀러 작가가 되리라고 기대하는 사람도 많다. 반면, 작가 데뷔를 그저 재미있는 시도로 여기는 사람은 책으로 많은 돈을 벌 수 있을지 여부를 조금도 궁금해 하지 않는다.

어떤 일을 시도하는 경험은 언제나 배움과 성장이라는

보상을 가져다준다. 이런 태도를 가지면 어떤 결과든 받아들이고 결과에 연연하지 않게 된다. 어떤 일을 시도해봄으로써 활용할 만한 방법과 그렇지 않은 방법에 대한 정보를 수집한다고 여긴다면 어떤 결과든 결국에는 목표를 달성하는 데 도움이 된다.

독립 출판을 하면서 나는 수없이 고꾸라졌지만, 그 때문에 기회를 잃거나 책 판매에 부정적 영향을 받은 적이 없다. 형편없다는 평을 받은 책을 출간한 적도 있고, 다른 사람들을 들볶거나 번거롭게 하는 이메일을 보내기도 했다. 맞출 수 없는 날을 출간일로 정하는가 하면, 블로그와 팟캐스트에서 잘못 알고 있는 내용을 말한 적도 있다. 이렇게 실패할 기회를 갖는 건 살면서 분명 해볼 만한 가치가 있는 일이었다. 성장한다는 것은, 실패하고 다시 일어서서 앞으로 나아가는 과정이 아니겠는가.

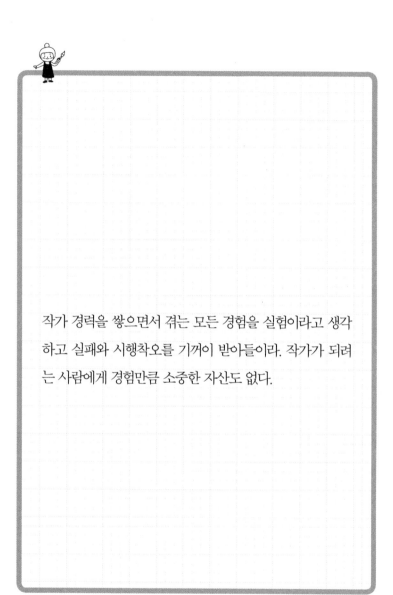

작가 경력을 쌓으면서 겪는 모든 경험을 실험이라고 생각하고 실패와 시행착오를 기꺼이 받아들이라. 작가가 되려는 사람에게 경험만큼 소중한 자산도 없다.

장벽 2

작가가 되는 건
복권 당첨처럼 어려운 일이야

'배고픈 예술가'라는 말은 일종의 신화처럼 수십 년 동안 이어져 내려오고 있다. 책을 쓰고 싶은 꿈이 있다고 말하면 사람들은 우선 걱정부터 한다. 그리고 '현실적'이 되라거나 평범하고 무난한 길을 택하라는 조언도 빼놓지 않는다. 그러니 책을 쓰겠다는 꿈은 펼쳐보기도 전에 서랍 속으로 들어가 버리고 만다.

많은 사람이 이런 생각을 갖고 있다. '전업 작가가 되려면 대단한 행운이 따라야 해. 내가 그만한 복이 있겠어?' 당신도 혹시 이렇게 생각하지 않는가?

알다시피, '작가 장벽'이 생긴 이유는 작가의 수입이 변변치 않을 것이라는 선입견 탓이다. 그런데 전업 작가로 사는 '행운아'도 분명 있다. 우리는 그들을 황금 티켓을 쥔 사람이라고 여긴다.

우리가 갖고 있는 선입견은 평균 책 판매 부수가 500부도 되지 않는다는 암울한 출판업 통계에만 주목하고 있어서 생기는 건지도 모른다. 불안의 원인이 무엇이든, 이런 선입견을 갖고 있기 때문에 작가 경력을 쌓는 일은 성실과 인내, 마케팅 능력이나 뛰어난 사업 감각으로 얻을 수 있는 게 아니라고 믿게 되는 것이다.

글을 꾸준히 쓸 수 없게 만드는 '작가 장벽 2'를 해결하는 방법 3단계를 소개한다.

성공한 작가들의 속사정을 알아보니

전업 작가가 되기로 마음먹고 본격적으로 글을 쓰기 시작했을 때, 내 주위에는 작가로 성공하기란 복권 당첨과 비슷하다고 여기는 사람들이 많았다. 작가로 성공하는 건 '우리 같은 사람'에게는 절대로 일어나지 않을 일인 것이다.

만약 당신도 그렇게 믿고 있거나 주변 사람들에게 그런 말을 듣는다면, 자주 만나는 사람을 바꾸기 바란다. 그리고 새로운 '우리'를 형성해야 한다. 요즘 내가 많은 시간을 함께 보내는 사람들 중에는 복권 당첨자로 여길 만한 사람이 수두룩하다. 실제로 내 주위에 있는 사람들은 거의 다 전업으로 출판 관련 일을 해서 먹고살고 있다. 다른 사람들이 보기에 '우리'는 어떻게든 행운의 숫자를 고른 사람들처럼 보일 것이다.

이런 잘못된 믿음을 극복할 수 있는 가장 좋은 방법은 전업 작가가 되는 일이 복권 당첨과 다르다는 사실을 아는 사람들과 많이 교류하는 것이다. 내가 쓴 책과 블로그(ProseOnFire.com)에 매주 올리는 칼럼을 읽는 것도 한 가지 방법이 될 수 있다. (저자의 전작과 블로그에서 관련된 내용을 요약해 필요한 대목에 배치해 두었다. -옮긴이)

나를 비롯한 전업 작가가 대부분 그런 말에 수긍하지 않는다는 사실을 확인할 수 있다. 또한 전업 작가로 일하는 데 필요한 자세가 어떤 것인지도 알 수 있다. 전업 작가에게도 글 쓰는 일을 방해하는 이런저런 일이 생긴다. 예상치 못했던 프러포즈를 받을 수도 있고, 갑작스럽게 배우자에게 변동이 생길 수도 있다. 뜻하지 않게 계획을 방해하는 일들에 부딪히는 건 전업 작가 역시 마찬가지다. 살다보면 때로 글쓰기보다 더 시급하고 중요한 일이 생기기 마련 아니겠는가. 성공한 작가라고 해서 글을 술술 쓸 수 있도록 이런 일이 저절로 해결되는 경우는 없다. 전업 작가 역시 불시에 부딪히는 일들을 직접 조율하고 처리하면서 동시에 글을 계속해서 쓰려고 부단히 애쓴다.

어떤 상황에서도 매일 쓰기

중요한 건 글쓰기를 언제나 가장 우선해야 하는 일로 고집하는 게 아니라 '매일 쓰기'를 잊지 않고 실천하는 것이다. 내가 아는 전업 작가들은 일이 자꾸 꼬이는 듯 느껴질 때 인생에서 가장 중요한 사람인 가족, 친구를 중심으로 시간과 에너지를 사용하려고 노력한다. 이들은 자신에게 닥치는 여러 사건을 거부하려 하지 않는다. 다시 한번 강조하건대, 삶에서 부딪히는 여러 사건은 작가에게 소중한 자산이다. 중요한 건 글쓰기에 유리한 여건이나 환경이 아니라 '꾸준하게 쓰는' 태도다.

전업 작가들은 끊임없이 글쓰기 실력과 생산성을 향상하려고 이런저런 시도를 한다. 전업 작가 역시 한정된 시간을 효율적으로 쓰려고 끊임없이 노력하는 것이다.

요즘엔 작가가 직접 마케팅에 대해서 고민하는 경우도 많아지고 있다. 즉, 창의적인 일로 성공하는 사람들은 특별한 행운아라기보다 평범한 노력파에 더 가깝다.

이런 이야기를 자주 나누고 들으면 전업 작가로 사는 사람의 태도를 갖는 데 도움이 될 것이다. 내게도 골치 아픈 문제가 아주 많았다. 당신이 현재 고민하고 있는 문제를 나도 많이 겪으면서 고군분투했는데, 결국 전부 극복할 수 있었다.

나뿐만이 아니다. 책이나 블로그, 팟캐스트에 작가로서의 성공 경험과 분투를 밝힌 사람이 수없이 많다. 나는 개인적으로 작가가 작업의 뒷이야기를 들려주거나 작가 인터뷰를 통해 작가들의 속사정을 엿볼 수 있게 해주는 팟캐스트를 좋아한다.

도움이 될 만한 몇 가지를 소개한다. (편의상 우리나라 독자들이 바로 활용할 수 있는 블로그와 팟캐스트를 소개한다. -옮긴이)

- 강원국의 글쓰기 블로그/ 강원국, 《대통령의 글쓰기》 저자
- 글 쓰는 도넛 블로그/ 김민영, 《첫 문장의 두려움을 없애라》 저자
- 다시 배우는 글쓰기 팟캐스트/ 백승권, 〈미디어 오늘〉 전 기자 *2016.7월까지 에피스드 18개
- 엑스플렉스 블로그 '위대한 작가들의 글쓰기 비밀'을 간

략히 소개/ 출판사 엑스북스

- 주 홍의 필리아 블로그 '글쓰기 일기'/ 홍주현,《하기 싫은 일을 하는 힘》 저자

물론 성공과 노력 두 가지 면에서 자신에게 맞고 유용한 얘기를 하는 채널을 찾아야 한다. 성공과 노력 둘 다 중요하니까!

이런 얘기를 계속 듣다보면 작가 인생에서 행운은 아주 작은 요인이라는 사실을 발견할 것이다. 작가로 성공하는 데 더 중요한 요인을 정리해보면 다음과 같다.

- 시스템과 절차 구축하기
- 동경하는 작가(워너비)보다 더 열심히 쓰기
- 전략적으로 결정 내리기
- 글쓰기와 관련한 모든 부분을 시험해보고, 수정해서 최적화하기
- 잘 안 풀리는 듯해도 몇 년 동안 끈질기게 매달리기

그렇다. 무슨 일이든 운이 어느 정도 따라야 하는 것은 사실이다. 자기 자신과 주변을 조금만 살펴봐도 십중팔구 세네카(Seneca, 에스파냐 태생의 고대 로마 철학자. 스토아학파 철학자로 네로의 스승이었지만 후에 반역 혐의를 받고 자결)가 한 말에 동의할 것이다. "운이란 준비가 기회를 만났을 때 생겨나는 것이다."

글을 써서 작가가 되는 일도 다를 바 없다. 그에 필요한 얼마 안 되는 운은 당신 편이라고 믿고 진짜 중요한 요인을 다루는 실력을 길러라.

작가가 되는 길과 전술 파악하기

　글을 써서 먹고사는 전업 작가가 되는 경로는 다른 직업을 얻는 과정과 다르지 않다. 가령, 의사가 되고 싶으면 학사 학위가 있어야 한다. 이과 계열이면 더 좋다. 그런 다음 MCAT(미국 의과대학 입학 자격 고시)를 보고 나서, 의과대학에 응시한다. 수련의 과정을 거치고, 그 밖의 여러 가지를 해야 한다. 이 경로가 쉬워 보이지는 않지만, 거쳐야 할 과정대로 따르기만 하면 의사가 되는 건 분명하다. 전업 작가가 되는 과정도 마찬가지다. 다만, 왜 그런지는 모르겠지만, 그 경로가 알려져 있지 않고 학교에서 배울 수도 없다.

　거쳐야 할 과정을 제대로 파악하지 못하면 진로에 대한 확신을 갖기 어렵다. 하지만 책을 여러 권 출간해서 독자가 늘어나는 모습을 확인하면, 다른 직업의 진로처럼 거쳐야 할 과정대로 따르기만 하면 된다는 사실을 즉시 깨닫게 될 것이다. 쉽다는 의미가 아니라, 복잡한 일이 아니라는 의미다.

그렇다면 이런 은밀한 전술을 어떻게 익힐까? 다른 직업이 그렇듯이, 그저 선배 멘토를 찾아 그들이 걸어간 경로를 탐구하는 수밖에 없다. 질문을 많이 해야 한다. 개인적으로 아는 작가가 없다고 해서 난감해할 필요가 없다. 수많은 멘토를 만나면서도 그들의 시간을 조금도 빼앗지 않는 방법이 있다. 바로 독서다. 훌륭한 작가가 쓴 책은 단연코 최고의 멘토다. 적은 시간과 돈을 투자해 얻을 수 있는 내용이 많기 때문이다. 초보 작가라면 강연에 참가하거나 팟캐스트를 찾아 듣는 것도 유용하다. 인터넷에서 검색하면 출판, 글쓰기, 작가에 대한 다양한 정보를 얻을 수 있다.

바로 다음에 할 일만 생각하기

그저 책 한 권을 내는 데도 감당하지 못할 것 같다는 생각이 들 정도로 해야 하는 일이 많다. 어떤 책을 쓸지 계획을 세워야 하고, 글을 써야 한다. 출판사를 섭외해서 계약을 해야 한다. 이 과정이 수월하지는 않다. 직접 책을 출판할 경우 편집, 표지 디자인, 인쇄, 배포, 홍보, 판매도 해야 한다. 책을 관리하는 시스템도 마련해 놓아야 한다. 제작과 판매는 외주로 처리할 수 있지만 전체 과정과 시스템은 파악하고 있어야 한다. 누구나 큰 스트레스를 느낄 만한 일들이다. 앉아서 글을 쓰려고 할 때마다 시체처럼 굳어서 나아가지 못할 만하다.

하지만 한 가지 명심해야 할 건 실제로 책을 서점에 내놓기 전까지는 홍보 걱정을 할 필요가 없다는 사실이다. 초고를 완성하기 전까지는 편집에 대해서 고민할 필요가 없다.

멘토의 영향을 받아 원대한 포부를 품고 야심찬 계획을 세울 수도 있겠지만, 그보다 먼저 해야 할 일은 코앞에 닥친 바로 다음 단계 일을 하는 것이다. 원대한 포부를 충분히 검토하고 이를 위해 해야 할 일의 순서를 정했다면, 그 계획을 즉각 행동으로 옮길 차례다. 바로 다음 단계만 생각하고, 나머지는 전부 무시하라. 그런 다음 해야 할 일을 하라.

바로 다음 단계에만 집중하면 실행을 가로막는 잡념에 정신을 빼앗기지 않을 수 있다. 즉, 아직 원고를 완성하지 않았다면 독립 출판물 홍보에 관한 정보에 신경 쓰지 말라는 의미다. 개요를 확정하기 전까지는 초고를 걱정하지 말라. 초고를 다 쓰지도 않았는데 편집자를 찾지 말라. 출간 날짜가 정해지기도 전에 홈페이지를 만들지 말라. 어떤 일을 하건 절대로 앞서 나가지 말라.

글쓰기를 복권 당첨처럼 여기면 세부 사항을 챙기지 못하기 쉽다. 심지어 작가가 되겠다는 꿈에 이르는 이정표마저 놓칠 수 있다. 결국, 꿈을 놓치게 되고 말 것이다.

반면, 충분히 할 수 있는 일이라고 믿으면 계획을 실천하기 쉽다. 바로 꾸준하게 글 쓰는 습관을 훈련하기 시작하는 것이다.

난 작가가 되기에 부족해

책 쓰기라는 목표를 세운 당신은 어떤 사람인가? 이런 질문을 하는 게 처음은 아닐 수도 있다. 그렇다면 더 확실하게 질문해보겠다. "왜 아직 그 목표를 이루지 못했는가?"

취미든 직업이든 글쓰기와 관련한 자신의 능력이 계속해서 의심스럽다면 '작가 장벽'에 갇힌 상태라는 사실을 인정해야 한다.

이러한 '작가 장벽'을 극복하는 방법 3단계를 소개한다.

잠깐, 당신의 과거를 돌아보세요

현재 하고 있는 일에 대해 생각해보자. 지금 그 자리에 오기까지 어떤 과정을 거쳤고 어떤 일을 했는가? 수년 동안 교육을 받았고, 사다리를 올라가려고 애썼으며, 새로운 기술을 비롯한 여러 가지를 익히지 않았던가?

만약 출세를 그다지 중요하게 여기지 않는 사람이라면 살면서 가장 노력한 일이 무엇인지 찾아보라. 가령, 아이가 있다면 그동안 자식을 보살피는 데 얼마나 많은 정성을 쏟았는지 떠올려보라. 고등학교 다닐 때부터 쭉 체스를 하고 있다면 지금 수준에 오르기까지 얼마나 많은 게임에 참가했는지 헤아려보라.

그동안 당신은 대단히 어려운 과제에 부딪히며 살아왔고, 언제나 과제를 해결할 방법을 발견해왔다. 전업 작가가 되는 일도 다르지 않다. 당신은 책을 완성하는 동안 생길 수 있는 궁금증 또는 어려움을 해결할 방법을 발견할 수 있다. 게다가 좋은 멘토와 동료도 있지 않은가.

당신은 전업 작가가 될 자격이 있으며 그런 삶을 누릴 만한 능력도 충분히 있다. 이미 이와 비슷한 일을 해낸 적도 있지 않은가. 그 과정이 쉬울 것이라는 말이 아니다. 하지만 기꺼이 자기 자신을 위한 공간에서 자기 자신을 위한 시간을 보낼 마음이 있다면, 또 자신의 에너지와 재능을 꿈을 이루는 데 투자할 의지가 있다면 해낼 수 있다. 정말 시간문제일 뿐이라는 사실을 명심하라.

글쓰기 자신감을 키우는 가장 좋은 방법

어떤 일에 대한 자신감을 키우는 가장 좋은 방법은 그 일을 해내는 기량을 갈고닦는 것이다. 따라서 스스로 대단한 작가라고 느끼지 않는다면, 시중에 나와 있는 글쓰기 책을 전부 읽으면서 공부하라. 연습, 연습, 연습하라. 다른 작가와 교류하면서 조언을 주고받으라. 당신이 쓴 글을 읽고 평가해줄 만한 사람들의 이름을 쭉 써보라. 목록을 만들어서 글을 보내 소감을 들어라. 블로그에 글을 올리고 지인에게 메일을 보내라.

기량을 길러서 과거보다 실력이 월등히 나아지는 모습을 확인할 때 자신의 재능을 확신하게 된다. 무언가를 열심히 하는 태도는 강력한 자신감 촉진제다. 자신의 능력을 자각하면 당신이 이미 알고 있는 사실에 대해서 객관적으로 확인하게 될 것이다. 떳떳하게 말해도 될 만큼 당신은 굉장한 작가라는 사실 말이다.

남을 돕는 일에 주력하기

　자신의 재능에 자신감을 갖게 됐다면, 마지막으로 해야 할 일은 다른 사람들에게 도움이 될 만한 일을 찾는 것이다. 어려운 일이 아니어도 된다. 많은 사람을 즐겁게 해주는 단편 소설을 써도 되고, 구직에 도움이 될 만한 정보를 블로그에 올려도 좋다. 사회의 변화와 발전에 조금이마나 기여하려는 시도를 해보는 것도 좋다.

　소설을 쓰는 작가라도 누군가를 크게 변화시킬 수 있다. 나는 우스꽝스러운 복수극 형식의 로맨스 연재물을 쓴 적이 있다. 솔직히 이 얘기에서 숭고함이라고는 조금도 찾아볼 수 없다고 생각했다. 그런데 얼마 전에 어느 암환자가 보낸 이메일을 받았다. 내 책 덕분에 약물치료를 견딜 수 있었고, 남은 이야기 세 편이 어서 나오길 손꼽아 기다린다는 것이었다. 나는 큰 보람을 느꼈다. 한껏 고무되어 가능한 빨리 소설을 완성하려고 노력했다. 내 도움이 필요한 사람들에게 감동을 주는 것만큼 가치 있는 일이 또 어디 있겠는가.

자기가 쓴 글을 세상에 내놓을 때 비로소 타인의 삶에 변화를 일으킬 수 있다. 이를 통해서 자신의 글이 세상에 긍정적 기여를 하고 있다는 사실을 객관적으로 확인하게 될 것이다. 증거가 있는데도 의구심을 품기는 어려울 테니까!

신경 쓸 게 너무 많아서 집중이 안 돼

인생에서 매우 소중하다고 여기는 것이 누구에게나 있을 것이다. 가족, 친구, 직장 같은 것들도 그 가운데 하나다. 이처럼 삶에서 중요한 것이 마치 권투시합처럼 글쓰기에 도전해 온다면 어느 쪽이 이길까?

답은 '승자는 아무도 없다'이다. 혹시 그 가운데 하나를 골라야 하는 상황에 처한다면 어느 쪽을 선택할 것인가?

사실 이런 태도 자체가 문제다. 글쓰기와 인생에서 중요한 것들을 서로 다퉈야 하는 경쟁상대로 여겨서는 절대로 안 된다.

글쓰기와 다른 일 가운데 하나를 선택해야만 할 것 같은 기분이 든다면 '작가 장벽'에 갇혀 있는 것이다. 가령, 배우자와 시간을 보내는 것과 글쓰기 중 하나를 택해야 한다거나, 친구들 모임과 글쓰기 가운데 하나만 선택해야 한다고 여기는 상태. 이를 해결하는 방법은 당신에게 가장 소중한 사람들에게 협조를 구하는 것이다.

지금, 당신은 작가가 되려는 목표와 삶에서 중요한 다른 모든 일이 서로 힘을 겨루도록 만들고 있는지도 모른다. 그리고 글쓰기는 매번 그 겨루기에서 지고 있고 말이다.

이 문제에 대한 묘책은 겨루기를 멈추는 것이다. 글쓰기와 다른 일을 서로 겨뤄야 하는 대상으로 여기고 둘 중 하나를 선택해야 한다고 여기면 결국 실패하고 만다. 당신 자신뿐만 아니라 당신이 아끼는 사람들도 당신을 원망하는 마음을 품게 된다.

꾸준하게 글 쓰는 습관을 가지려면 글쓰기를 일상의 하나로 만들어야 한다. 남은 평생 동안 흐를 일상이라는 강의 물살을 따라서 자연스럽게 글쓰기 배를 띄워야 하는 것이다. 배우자를 그 배에 태우고, 아이들도 태워라. 직장 상사와 동

료도 배에 태워야 한다. 사랑하는 사람들의 협조를 얻는 일
은 생각보다 쉽다.

이 문제를 해결하는 3단계를 알아보자.

주위 사람들과 비전을 공유한다

글을 쓰면서 보내는 시간을 더 많이 갖고 싶은 이유는 다양할 것이다. 어려서부터 작가를 꿈꿨기 때문일 수도 있고, 자신의 특별한 경험과 깨달음을 사람들과 나누고 싶어서 그럴 수도 있다. 언젠가 전업 작가가 되고 싶어서일 수도 있다. 어떤 연유든 주위 사람들에게 진심 어린 응원을 받으려면 당신이 글을 쓰려는 이유를 먼저 그들에게 이해시켜야 한다. 당신의 결심이 그들의 생활에도 영향을 미치기 때문이다.

나는 전업으로 소설을 써야겠다고 마음먹고 나서 남자친구를 글쓰기 배에 태우기 위해 노력했다. 내가 왜 직장을 그만둬야겠다고 생각하는지를 수없이 얘기했다. 당시 내 근무 시간은 평일 아침 9시부터 저녁 7시까지였지만, 퇴근 후 밤 늦게까지 컴퓨터를 켜 놓고 상사의 지시나 긴급한 일을 처리해야 하는 경우가 잦았다. 주말에는 쌓여 있는 업무를 처리하느라 여가 시간을 뺏기는 경우도 많았다. 게다가 직장 동료들과 친목을 도모하기 위한 모임에 불려 나간 적도 여러 번 있었다.

나는 장기적으로 내 일을 하고 싶다고 남자친구에게 말했다. 그러면 내가 시간을 마음대로 조정할 수 있으니 나중에 태어날 아이들에게 시간과 정성을 쏟을 수 있다는 설명도 덧붙였다. 또 그 직업으로는 더 이상 급여를 올려 받기 어렵다는 말도 수없이 했다. 나는 스물일곱 살에 억대 연봉을 받기 시작했다. 그러니 연봉을 더 많이 받으려면 엄청난 에너지를 쏟아 붓고 헌신해야만 한다. 나 자신이 아닌 남의 회사를 위해서 그러고 싶지 않았다.

Step 2

요청하고 협상한다

매일 20분씩 글을 쓰고자 한다면, 배우자에게 그 시간 동안 아이를 돌봐달라고 부탁하는 것은 어떨까? 아니면 아침에 가족이 깨기 전이나 잠든 이후에 글을 쓸 수도 있다. 직장 상사에게 정시 퇴근해야 한다고 말할 수도 있다. 이제부터 점심시간에 글을 쓰려고 한다고, 늘 함께 점심을 먹는 동료에게 얘기할 수도 있다.

가끔은 거래를 할 줄도 알아야 한다. 배우자가 매일 밤 20분 동안 아이와 놀아주면 배우자가 원하는 시간에 당신이 20분 동안 아이를 돌보겠다고 제안하는 것이다.

내 경우, 남자친구가 집을 구하는 데 필요한 돈을 더 내고, 대신 나는 청소와 요리 같은 집안일을 하면 어떻겠냐고 제의했다. 그가 나보다 돈을 잘 벌었기 때문이다. 당분간 나는 밤에도, 주말에도 일해야 한다는 얘기도 했다. 아이가 생기기 전에 기반을 다지려면 어쩔 수 없었다.

처음에 남자친구는 이런 요구를 잘 받아들이지 못했다. 그가 그리던 가정의 모습이 아니었기 때문이다. 하지만 계속해서 대화를 나누면서 결국 우리는 방법을 찾았다.

약속을 지키고, 진행 상황을 알린다

당연히 당신의 배우자와 부모, 친구들, 직장 상사와 동료는 작가가 되겠다는 포부에 대해서 회의적 태도를 보일 수밖에 없다. 이 일에 대해 잘 알지도 못하고, 성공담을 접해 볼 기회도 없었으며, 이 세계에 발을 담근 적도 없기 때문이다. 그들의 협조를 얻는 가장 좋은 방법은 그들에게 말한 대로 실천하고 보고하는 것이다. 당신이 글을 쓸 수 있도록 배우자에게 아이를 잠시 돌봐달라고 했다면, 그동안 쓴 단어 500개를 보여주라. 직장 동료에게 점심 먹으러 가지 않겠다고 얘기했다면, 그 시간을 얼마나 생산적으로 보냈는지 알려라.

이 마지막 단계는 매우 중요하다. 내가 과연 해낼지 반신반의하던 남자친구는 내가 세운 모든 계획을 완수하는 모습을 보더니 달라졌다. 아마존에서 한 달 동안 500달러를 벌자, 그제야 관심을 갖고 내 꿈을 신뢰하기 시작했다. 나는 그에게 가능성을 설명했다. "지금 500달러를 번다는 건, 책을 더 많이 쓰면 1000달러, 2000달러도 벌 수 있단 의미야."

가족의 변화는 오직 내가 계획한 과정을 그들이 전부 파악할 수 있을 때 생긴다. 또 계획을 이미 실행한 것을 확인할 때 비로소 그들도 내 일을 정말로 성공할 수 있는 일이라고 인지한다.

글을 쓰려고 하면 어딘가에 갇힌 듯 가슴이 답답해

글을 쓰려고 앉았는데 아무것도 쓰지 못하고 있는가? 초고를 다듬어 출판할 만한 원고로 만들어야 하는데, 어디서부터 시작해야 할지 모를 때가 있는가? 글쓰기 단계마다 언제까지 끝내야 하는지 마감 시기를 파악하기가 어려운가?

이런 곤란을 느낀다면 '작가 장벽'을 겪고 있는 것이다. 이 상태에서는 글을 쓰려고 앉을 때마다 속이 울렁거리고, 가슴이 꽉 막힌 듯하며, 뭔가가 어깨를 짓누르고 있는 느낌이 든다. 두려움이다. 자기가 하고 싶은 일이 뭔지 알지만, 어떻게 해야 할지 모를 때 두려움에 사로잡힌다. 그래서 책상에 앉는 것부터가 그렇게 괴로운 것이다.

해결책은 작업 처리 시스템을 만드는 것이다. 이메일을 열 때 뭘 해야 하는지 모르는 상태에서 마우스를 마구 휘젓지는 않을 것이다. 아마 이메일을 처리하는 규칙이나 시스템을 저마다 갖고 있을 것이다.

- 메시지를 처음부터 끝까지 훑어본다.
- 읽을 필요가 없는 메시지는 자동 저장한다.
- 답장해야 할 메일은 나중을 위해 중요 표시를 한다.
- 참고용 정보는 즉시 읽고 바로 저장한다.
- 중요한 첨부 파일이 있으면 다운로드 한다.
- 기타

책 만드는 일은 이메일 확인보다 훨씬 복잡하다. 하지만 이와 비슷한 원칙을 똑같이 적용할 수 있다. 이 문제를 해결하는 3단계를 살펴보자.

작업 내용을 항상 기록한다

작업 내용을 기록하라고? 그저 초고일 뿐인데? 이런 생각을 할지도 모르겠다. 하지만 내 경험으로는, 작업 진척 과정을 기록하면 책 쓰기가 훨씬 쉽다. 단기적으로 보면 일이 더 많아지는 것 같지만, 실제로는 책을 더 빨리 쓰게 된다. 책을 쓰는 전체 과정을 내가 감당할 수 있는 단위로 나눌 수 있기 때문이다.

예를 들어, 개요를 짤 때 나는 각 장면에 한두 문장을 필기해 둔다. 그러고 나서 글쓰기 프로그램인 스크리브너 Scrivener를 클릭해서 연다. 여기에 손으로 노트에 써둔 개요를 입력한다. 노트카드 하나에 장면을 하나씩 할애한다. 그런 다음 각 장에 비트(등장인물이 상상한 짧은 시간 단위)를 쓰고 이를 노트 섹션에 복사한다. 이어서 각 비트의 줄거리를 대강 쓰면서 비트를 지워나간다. 이렇게 하면 해야 할 작업이 얼마나 남았는지 시각화할 수 있다. 비트를 모두 완성하면 장면을 개략적으로 구성하게 된다. 마지막으로 장면 전환 효과(transition, 한 장면에서 다른 장면으로 바꿀 때 사용하는 효과)를 추가한다. 이로써 초고를 어느 정도 완성한다.

편집하는 단계에서 문서를 이리저리 바꾸기도 한다. 프린트해서 펜을 쥐고 살펴보는 경우도 많다. 또 킨들에 맞게 편집해서 전자책으로 읽는 독자에게 어떻게 보일지 점검한다. 이렇게 다양한 문서 형태로 볼 때마다 내 글을 새롭게 볼 수 있다.

나와 똑같이 할 필요는 전혀 없다. 하지만 이 방법을 참고하면 문서 작업을 마치고 다음 단계로 나아가는 데 큰 도움이 된다. 작업을 하면서 거치는 각각의 단계에서 필요한 문서는 저마다 다를 수 있기 때문이다.

각 단계마다 확실하게 마무리한다

책을 쓰면서 절대로 가져서는 안 되는 의문이 있다. '완성이 된 건지 어떻게 알지?' 작업 단계를 정하고 나면, 누가 봐도 작업이 완료된 것을 알 수 있을 정도로 각 단계마다 분명하고 확실하게 마침표를 찍어야 한다. 내가 단계마다 쓰는 마침표는 이렇다.

- 개요 – 각 챕터(장)마다 최소 2개 문장을 작성한다.
- 비트(설명) – 각 챕터마다 벌어지는 사건에 대한 내용을 다섯 단락 쓴다.
- 줄거리 – 챕터에 등장하는 장면에 살을 붙인다.
- 초고 – 장면에서 장면으로 넘어가는 장면 전환 효과를 모두 넣는다. 미완성 문장을 모두 완성해서 원고의 앞뒤

가 모두 맞도록 만든다.

- 수정 – 오탈자를 확인한다.

- 편집 – 모든 챕터를 검토하는 데 필요한 편집 점검 목록을 살펴본다.

- 교정 – 전자책용으로 편집하고 킨들에서 읽으면서 수정할 내용에 표시한다. 원본이 있는 스크리브너 파일에서 표시한 부분을 수정한다.

- 출판 – 원고가 80% 정도 준비되면 출판사를 섭외한다. 규모가 큰 출판사는 홈페이지에, 중소 출판사는 블로그에 원고 모집을 안내하고 있다. 제목과 목차, 서문과 주요 꼭지 몇 편, 그리고 해당 분야 출판 현황과 책의 강점 등을 관계자가 알기 쉽게 정리해서 기고하면 좋다. 만약 적절한 출판사를 찾지 못하면 자체 출판하는 방법도 있다. 교보문고에서는 회원에게 POD(Print-On-Demand: 독자가 책을 주문하면, 주문량만큼 책을 인쇄해서 송부) 형식의 자가 출판 제작을 지원하고 있다.(http://pubple.kyobobook.co.kr/-옮긴이)

이러한 단계를 확실하게 끝맺는 것 자체가 중요한 건 아니다. 책을 쓰고 만드는 시스템과 과정이 하루가 멀다 하고 발달하고 있기 때문이다.

시스템이 아무리 형편없어도 아예 없는 것보다는 나을 것이다. 어느 단계 작업이든 틀림없이 시작을 하긴 할 텐데, 어떻게 해야 하는지 충분히 알고 진행 과정을 완벽하게 예상하기란 어렵다. 하지만 자기에게 맞는 시스템을 갖고 있으면 일을 진행하면서 수정하고 개선할 수 있다. 또 경험을 쌓으면서 자신만의 책 쓰기 재량 창고에 추가할 만한 새로운 기술을 터득하기도 한다.

각 단계마다 피드백을 받는다

책 쓰기 작업을 진행하는 과정에 대한 새로운 시스템을 마련했는데도 여전히 불안하다면, 필시 원고를 읽은 사람들의 반응이 두렵기 때문일 것이다. 글을 쓰면서 잔뜩 긴장하고 있는가? 그렇다면 사람들이 당신의 책을 헛소리라고 비난하는 모습이 머릿속에 들어 있기 때문이다. 이런 상태에서는 계획하고, 초고를 쓰고, 편집하고, 출판하는 과정 내내 방해를 받는다. 그럴 수밖에 없지 않겠는가.

내 경험으로는, 단계마다 작업에 대한 피드백을 조금씩 받는 방법이 가장 효과가 있었다. 피드백을 받을 상대로는 서로 솔직하게 평가하면서 조언을 주고받는 동료도 좋고, 당신이 쓰는 책의 장르를 즐겨 읽는 친구도 좋다. 교정하는 사람들이나 똑똑한 편집자에게 부탁할 수도 있다.

현재 하고 있는 작업에 집중하면서 피드백을 받을 만한 기회를 찾아라. 나는 초고를 완성하면 작가 친구에게 보여주면서 피드백을 부탁하기도 한다. 주문이 들어와 책을 인쇄하게 되면, 독자에게 책을 보내기 전에 교정 팀에 먼저 보여주면서 작은 실수나 앞뒤가 맞지 않는 부분이 있는지 점검한다.

지인에게서 긍정적, 부정적 피드백 둘 다 들으면서 나는 인터넷에서 마주할 수밖에 없는 파워 블로거의 서평을 읽을 마음의 준비를 한다. 독자 후기를 읽고 항상 흡족한 마음이 들거나 전부 수긍하는 건 아니다. 하지만 사람들이 자기 의견을 어떻게 형성하는지 깨달았기 때문에 더 이상 그에 휘둘리지 않으려고 한다.

꾸준하게 글 쓰는 습관을 가지려면 글쓰기를 일상의 하나로 만들어야 한다. 남은 평생 동안 흐를 일상이라는 강의 물살을 따라서 자연스럽게 글쓰기 배를 띄워야 하는 것이다.

다음 장에서는 어떤 상황에서도 매일 꾸준하게 쓰기 위한 전략을 알아본다. 대단한 성과를 내는 전업 작가들이 활용하는 전략이니 큰 도움이 될 것이다.

2장

매일 꾸준히 쓰게 해주는
전략 8가지

언제 어떤 상황에서도 글을 쓰기 위한 4단계

책 쓰기는 마라톤과 같다. 단거리를 빨리 뛰는 것은 꾸준한 연습이 없어도 가능하다. 하지만 장거리를 뛰려면 연습이 중요하다. 느린 속도라도 꾸준하게 연습한 사람이 더 유리하다. 책 쓰기에서 좋은 성과를 내려면 한 달 동안 몇 장을 쓰는 것보다 조금씩이라도 매일 쓰는 게 더 효과적이다. 어디서든 매일 쓰는 좋은 습관을 이미 갖고 있는 사람이 빨리 쓰기까지 하면 막강한 성과를 기대할 수 있다. 꾸준하게 글쓰기는 전적으로 습관에 달려 있다.

새로운 습관을 들이려면 신체, 감정, 정신 모든 면을 공략

해야 한다. 이를 위해서는 삶의 모든 부분에서 전략이 필요하다. 자신이 어떻게 습관을 갖는지 그 과정과 현재 자신의 문제를 파악하는 일부터 해야 한다. 현재 자신의 모습과 바라는 모습 사이 간격을 냉철하게 확인해야 개선할 수 있는 적절한 방법을 찾을 수 있다.

개선은 현재 모습에서 변화를 아주 살짝 줄 때 가능하다. 내가 글쓰기 습관을 들이면서 얻은 가장 큰 교훈은 조정/변화의 폭이 작을수록 새로운 습관을 들일 가능성이 크다는 것이다. 인간의 마음은 본래 거대한 일을 앞두면 옴짝달싹하지 못한다. 할 일을 작게 쪼개라. 15분 정도 분량으로 나누는 것이 효과적이다. 적당하게 시간을 제한하면 몰입하는 데도 도움이 된다. 몰입은 글쓰기 습관을 들이는 4단계 요령 가운데 두 번째다.

자, 내가 제안하는 글쓰기 습관 들이기 요령 4단계 구조를 알아보자.

8분 글쓰기 습관

첫째, 글쓰기 작업 준비하기

내용은 뒤에 나오는 '작가 방해물을 극복하기 위한 4단계 과정'과 같다. 자세한 설명은 거기서 하겠지만, 미루기를 끝낼 수 있는 가장 좋은 방법은 다음에 해야 할 일을 명확히 정해두는 것뿐이라는 사실만은 명심하자. 가령, 내가 글을 쓰다가 미루기 시작할 때는 어디서부터 잘못됐는지 몰라서인 경우가 많았다. 즉, 뭔가가 잘못됐다는 사실을 알지만 그다음 할 일인 수정할 부분을 파악하지 못해서 자꾸 일을 미루는 현상이 나타난 것이다.

인간은 거대한 프로젝트를 한꺼번에 처리할 수 없기 때문에 그 과정을 나누어야 한다. 그래야 하나씩 마무리하고 다음 일을 막힘없이 진행할 수 있다. 글쓰기 작업 과정을 4단계로 나누면서 준비해야 할 것은 본격적인 글쓰기를 어떻게 시작할 것인지를 포함해서 각 단계 다음에 할 일을 명확히 정하는 것이다. 이는 글쓰기 습관 들이기 두 번째 단계인 '몰입'에서도 중요한 역할을 한다.

둘째, 글쓰기로 몰입하기

몰입 상태가 되려면 쓸 주제와 관련한 정보를 파악해 두는 것뿐만 아니라 쓰려는 이유와 목적도 확실히 해야 한다. 스스로 충분히 동기 부여한 상태라면 저절로 몰입하게 된다. 그런 다음, '글쓰기'를 중심으로 자기 자신을 바꾸고 생활을 단순화시켜라. 이는 생각을 비우기 위해서다. 잡념이 사라진 마음에서 창조성이 비롯된다. 식사량을 줄이거나 특정 음식을 삼가고 신체 근육을 키워 건강 관리를 하라. 몸이 건강해야 집중할 수 있다. 약속을 줄이고, 이메일과 SNS를 멀리하는 등 신경 써야 할 잡다한 것들도 정리하라. 인터넷에 접속하지 못하도록 커피숍에 가는 것도 한 가지 방법이다. 명상과 요가도 잡념에서 벗어나 마음을 비우기에 좋다.

나는 명상과 요가 대신 '(무엇이든) 쓰기' 방법을 애용한다. 이는 내가 해본 글쓰기 연습 가운데 가장 효과적이다. 글을 쓰려면 주의력이 있어야 한다. 지금 자신이 쓰고 있는 것에 집중하지 않으면 글쓰기가 불가능하다. 따라서 뭔가를 쓰는 동안 머릿속은 다른 생각을 하는 상태가 될 수가 없다. '(무엇이든) 쓰기'는 잡념을 '제거'해 온전히 글쓰기에 집중하는 상태가 되도록 만드는 것이다. 매일, 가장 먼저, 그리고 마음이 해이해지거나 글쓰기가 잘 안 될 때마다 '(무엇이든) 쓰기'를 해보자.

셋째, 글쓰기를 일상으로 만드는 연습

'행동 유발 자극-실천-보상 틀'을 활용하는 방법이 있다. 내 경우 글쓰기 시간을 알람으로 설정해 놓는다. 알람이 울리면 끄고(행동 유발 자극), 책상에 앉아서 자판을 두드리기 시작하고(실천), 그날 할 일 목록 하나를 지운다(보상). 할 일 목록을 하나 지우는 게 무슨 보상이냐 하겠지만, 그때 나는 큰 성취감을 느낀다. 각자에게 맞는 방법을 찾으라.

들이고 싶은 습관이 여러 가지라면 여러 습관을 포개는 방법도 있다. 가령, 팟캐스트 듣기와 조깅하는 습관을 들이고 싶은 사람이 있다면, 팟캐스트를 들으면서 조깅을 하는 것이다. 산책을 하면서 쓰거나 편집을 하거나 교정을 동시에 하는 방법도 있다. 일상생활을 하면서 계속 써라. 쓰다가 설거지를 하고, 쓰다가 친구를 만나고 돌아와서 또 쓰는 것이다. 작가는 쓰기와 일상의 여러 일을 반복하면서 하루를 보낸다고 생각하라.

글을 쓰다가 마주하게 되는 '저항'과 여행이나 휴가 또는 개인적 문제 같은 불시에 생기는 사건을 다루는 방안을 마련하는 것도 중요하다. 습관은 환경이나 외부 상황에 크게 영향을 받기 때문이다. 한 달 동안 매일 하던 일도 한두 번 하지 않으면 다시 하기가 쉽지 않다는 사실을 명심하라. 하기 싫을 때라도 쉽게 완수할 수 있는 작은 일, 마음을 다잡게 만드는 사소한 의식(차를 마시거나 커피숍에 가는 것)을 정해놓는 것도 좋다.

건강 관리도 중요하다. 글쓰기는 비단 정신력 문제만이 아니다. 체력 싸움이다. 오래 앉아서 자판을 두드리는 일은 체력을 약하게 만들고 눈과 손목 건강에 해로울 수 있다. 사소하더라도 몸이 불편하면 꾸준히 글쓰기가 어렵다.

넷째, 창조 에너지 고양하기

매일 얼마큼 쓸 것인가 하는 문제는 창조 에너지에 달려 있다고 해도 과언이 아니다. 꾸준히 쓰려면 반드시 창조 에너지 우물을 정기적으로 채워놓아야 한다. 그 방법은 사람마다 다르지만, 공통 요소가 몇 가지 있다. 자연을 가까이하고 운동을 하는 것이다. 30분이라도 나가서 걷거나 운동하면 건강뿐만 아니라 영감을 얻을 수도 있다. 일하는 시간과 여가 시간을 확실히 정해서 하루 일을 마무리하라. 취미를 갖고 가족, 연인, 친구같이 소중한 사람과 함께하며 휴식하는 시간을 보내는 것도 창조 우물을 채우는 데 도움이 된다. 책이든 TV든 예술 작품이든, 매체를 소비할 때 특정 의도를 갖고 자기 분야에서 벗어나면 거기서 영감을 받기도 한다.

앞으로 소개할 8가지 전략은 이미 검증된 것이다. 나 역시 이 전략을 사용하고 있으며 수많은 작가가 이 방법으로 대단한 성과를 내고 있다. 8가지 가운데 어느 전략이 자신에게 효과적인지는 앞에 소개한 4단계 틀로 알 수 있다. 이 4단계 틀은 이런저런 글쓰기 습관을 시도하는 데 다른 어떤 방법 못지않게 유용할 것이다. 게다가 이 방법만으로도 글 쓰는 속도를 적어도 세 배는 높일 수 있다. 평생!

새로운 습관을 익히는
가장 빠르고 효과적인 방법

이 책은 지금 당장 시험 삼아 이런저런 글쓰기 습관을 시도할 시간이 없는 사람을 대상으로 하고 있다. 나만 해도 내게 맞는 습관을 찾는 데 두 달 가까이 걸렸다. 전업 작가로 일하는 지금도 여전히 조금씩 변형하면서 새로운 습관을 시도하고 있다.

나는 습관을 아예 바꾸는 경우도 있다. 장르나 글 종류에 따라 또는 그 밖에 글쓰기 속도에 큰 영향을 미치는 다양한 요소에 따라 생활 패턴, 글 쓰는 순서와 방법 같은 것을 다르게 한다. 가령, 소설을 쓸 때와 비소설을 쓸 때 많이 다르다. 이렇게 하려면 순서와 방향이 완전히 다른 습관을 시도해야 하는데, 바쁜 사람에게 그럴 시간이 어디 있겠는가.

이번 장에서는 글쓰기 습관을 향상시키기 위해 많은 작가가 활용하고 있는 8가지 최고 전략을 설명하고자 한다. 이를 위해 나를 비롯한 다른 많은 작가의 경험을 압축해서 보여줄 것이다. 대부분 다른 일을 겸하고 있거나, 프리랜서이거나, 전업 작가다.

이들은 작가 경력을 어느 정도 쌓은 사람들로서 책을 써서 돈을 벌고 있는 경우가 많다. 그들이 활용하는 전략을 당신이 배우고 실행하지 못할 이유는 하나도 없다. 이들 역시 돌봐야 할 아이들, 지불해야 할 청구서, 운영하고 있는 부업이 있다. 건강 문제도 있다. 이런 문제 때문에 글쓰기에 전념하기 어려운 건 이들도 마찬가지다. 다만 이들은 능숙하게 그리고 꾸준하게 글을 쓰고 있다. 그날 기분이 어떠하던, 어떤 일이 벌어지던 상관없이 말이다. 그만큼 이들은 글쓰기 성과를 내는 데 훌륭한 전략을 사용하고 있는 것이다.

여기서 소개하는 전략이 전부 당신에게 맞거나 효과적이진 않을 것이다. 자기만의 필요와 욕구에 맞춘 계획을 짜고 싶다면, 과학자 자세가 필요하다. 현재 자기 모습을 냉정하게 파악하고 자신이 원하는 새로운 습관이 정말 자신에게 맞는지 직접 실험하는 태도다. 진짜 변화는 현재 자신의 모습이 바라는 모습과 얼마나 어떤 차이가 있는지 알고 이를 교정할 때 이루어진다. 지피지기는 백전백승이다.

지금 자신의 모습을 명확히 알려면 스스로 관찰한 자기 모습을 데이터화해야 한다. 막연한 생각과 실제는 다를 수 있기 때문이다. 당신이 아침에 글을 더 잘 쓰는 유형인 것 같아도 실제로 여러 시간대에 써보면 더 잘 써지는 시간이 따로 있을 수 있다. 기록하고 직접 실천하면서 확인하는 과정은 더 좋은 결과물을 빨리 내는 데 효과적이다.

글쓰기 생산성을 높이려는 목표를 세우려면 두 가지를 측정해야 한다. 현재 당신이 시간당 쓰는 단어 개수와 하루 동안 언제 글을 쓰는지 글 쓰는 시간대를 알아야 한다. 자기 자신을 파악하는 데 필요한 양만큼 데이터를 측정하면 된다.

데이터는 양적인 면과 질적인 면에서 평가한다. 양적 측정을 위해 필요한 항목은 시작 및 종료 시간, 날짜, 총 시간, 장소, 사용 도구(키보드 입력/마이크 녹음), 주로 썼는지 편집했는지, 책이나 시리즈의 제목 등이다. 나는 액셀 프로그램을 이용했다. 질 측정을 위해 필요한 항목은 시간, 느낌, 문제점, 본래 의도, 얻은 점, 있었던/바라던 장소, 시도하고 싶은 새로운 실험, 실제 시간에 대한 평가, 개선해야 할 점이다. 에버노트나 심플노트 또는 구글문서 프로그램이 유용할 것이다.

일정 기간마다 그리고 매달 철저히 평가하라. 속도보다 꾸준하게 지속할 때 하루에 더 많은 단어를 쓴다. 이를 위해 시간당 쓰는 단어보다 한 달 동안 쓴 단어에 비중을 둬라. 당신 자신과 글쓰기에 대한 풍부한 통찰을 얻을 수 있다. 현재 자신이 하는 일과 하지 않고 있는 많은 일을 파악해서 앞으로 해야 할 일이나 실험에 대한 목표를 새롭게 조정할 수 있다. 지난달과 이번 달 결과를 비교해서 나아진 부분을 확인하면 자신감이 생긴다. 새로운 목표를 추가하고 동기 부여를 할 수 있다. 결과를 공유 블로그에 올리거나 모임에 공개해서 동기 부여 기회로 삼는 것도 방법이다. 덕분에 나는 두세 달 만에 글쓰기 속도를 두 배 정도 높였다.

당장 새로운 글쓰기 습관을 익힐 수 있는 특별한 방법 몇 가지를 활용하고자 한다면, 다음에 소개할 8가지 전략으로 간편하고 빠르게 효과를 얻을 수 있을 것이다. 많은 전업 작가가 사용하고 있고, 당신도 이 전략을 통해서 작가의 삶을 시작하게 될 것이다.

이번 장에서는 읽으면서 마음에 드는 전략을 골라 한 번에 하나씩 즉시 실행하길 권한다. 만약 어떤 전략을 골라야 할지 주저된다면 책에 나열한 순서대로 하나씩 해보자.

그럼, 시작해볼까?

8분 동안 글쓰기

글쓰기 방법 가운데 뽀모도로 기법Pomodoro Method이라는 것이 있다. '뽀모도로'는 25분이라는 정해진 시간 동안 집중해서 글을 쓰고, 그다음 5분 동안 쉬기를 반복하면서 글을 쓰는 방법이다. 어떤 일이든 생산성을 높이고 싶을 때 사용할 수 있지만, 나는 글쓰기 집중력을 높일 때만 활용하기로 했다. 이 방법만으로도 글쓰기 속도를 상당히 향상할 수 있다. 흐트러졌던 글쓰기 습관을 정상으로 회복하는 데도 도움이 된다. 이 방법을 사용하면 애쓰지 않아도 단어가 술술 나온다.

이 방식이 모든 작가에게 똑같이 효과적인 것은 아니다. 이런 방식에 쉽게 적응해서 적은 시간 동안 많은 양을 쓰는 작가가 있는가 하면, 챕터나 장면에 맞춰서 글 쓰는 시간을 조정하는 작가도 있다. 또 '뽀모도로' 자체를 자신의 계획에 맞추기 어려워하는 사람도 있다. 이들에게 이 방식은 전혀 도움이 되지 않는다.

그래서 나는 '뽀모도로'를 살짝 변형한 새로운 방법인 '8분 글쓰기 습관'을 고안했다. 이 방법의 기본은 단지 8분 동안, 하루에 한 번 글을 쓰는 것이다.

왜 8분일까? 8분이라는 시간에 뭔가 특별한 게 있는 걸까? 특별히 8분으로 정한 데는 세 가지 이유가 있다.

첫째, 실속을 차리기에는 충분한 시간, 한 번 해보기에는 만만한 시간

제아무리 바쁘더라도 자기 입으로 가장 중요하다고 한 일에 8분을 낼 수 없다고 말하기는 어렵다. 하루 동안 너무 쉽게 8분을 흘려보내는 순간이 얼마나 많던가. 꽉 막힌 도로 위에서, 페이스북 친구의 시답잖은 새 게시물에 댓글을 다느라, 아니면 캔디 크러쉬Candy Crush 같은 온라인게임을 하면서 8분을 훌쩍 보낸다. 실은, 이 세 가지를 동시에 하면서 8분을 버리기도 한다. 우리는 이렇게 보내는 8분을 진짜 원하는 일을 하는 생산적 시간으로 수월하게 바꿀 수 있다.

더불어 8분은 글쓰기 목표를 이루는 데 필요한 일을 적잖이 해내기에 충분한 시간이다. 웬만큼 원고를 쓰고도 남는다. 8분 동안 500에서 750단어를 쓴다는 작가가 수두룩하다. 8분 동안 그 절반만 써도 매일 단어를 250개씩 채우게 된다. 1년이면 9만 단어를 쓸 테고, 이 정도면 소설 한 편 분량이다. 글 쓸 시간이 부족해 고민하는 사람들에게는 솔깃한 성과일 것이다.

게다가 8분으로 글 쓸 시간을 한정해 놓으면 훨씬 빨리 쓰게 된다. 8분이라는 시간 제약은 더 빠른 속도로 글을 쓰게 만든다. "시간이 많으면 일도 늘어난다."라는 격언을 들어본 적 있을 것이다. '더 빠르게 더 잘' 쓰는 연습을 하면서 나는 글쓰기 속도를 최대한 높이기 위해서는 글 쓰는 시간을 하루에 딱 한 번으로 정해야 한다는 사실을 깨달았다. 가끔 시간이 얼마 없을 때 하루 24시간을 정말 소중히 여기는 태도를 갖게 되지 않던가!

"아, 하루에 8분이라… 그걸로 될까, 더 걱정되는데?" 이런 생각이 든다면, 실제 당신이 글을 얼마나 쓰고 있는지 한 번 살펴보자. 우선 종이 한 장을 찾거나 아니면 핸드폰을 쥐고 애용하는 앱으로 빈 노트를 연다. 그러고 나서 지난달에 원고에 쓴 단어 개수를 센 다음, 날짜 수(간단하게 30일)로 나눈 숫자를 확인하는 것이다. 250단어보다 많은가?

나는 많은 사람에게 이렇게 해보라고 권유했다. 숫자가 0 또는 0에 가까운 경우가 얼마나 많은지 모른다. 그들을 비난하려는 마음은 전혀 없다. 고백하건대, 나는 그런 사람들에게 강한 동질감을 느낀다. 내 숫자 역시 0인 적이 있었기 때문이다. 다만, 여태 해오던 방식이 잘못됐을 수는 있다. 따라서 조금 다른 시도를 해보면서 내게 더 효과적인지 아닌지 알아보자는 것이다. '8분 글쓰기 습관'을 훈련한 작가는 대부분 아무 때나 불규칙하게 글을 쓰는 사람보다 매달 더 많이 쓰는 성과를 얻었다.

자, 8분은 너무 짧다는 생각에 개의치 마라. 다음 달엔 이번 달보다 더 많이 쓰겠다는 생각만 하자!

둘째, '8분 글쓰기 습관'은 아침, 오후, 저녁 스케줄에 덧붙이거나 밀어 넣을 수 있다

하루에 8분 글쓰기의 장점은 기존 생활에 통합하기가 아주 쉽다는 데 있다. 대개 아침마다 하는 일이 정해져 있다. 샤워, 양치질, 옷 입기, 커피 마시기, 신문 보기 같은 일을 누구나 한다. 점심 때 늘 하는 일도 정해져 있다. 음식을 주문하려고 줄 서 있기, 동료와 앉아서 잡담하기, 자기 자리에서 이메일을 확인하거나 웹서핑을 하면서 식사하기. 저녁 시간의 일상도 그렇다. 집에서 저녁 준비, 운동, 일정한 시간에 아이들 재우기, 잠자리에서 책 읽기 같은 일들이다.

지금까지 하고 있던 일상에 '뽀모도로'를 온전히 끼워 넣기란 여간 힘든 일이 아니다. 아침에 일어나는 시간을 30분 앞당기는 게 결코 쉬운 일이 아니지 않은가.

'8분 글쓰기' 시간을 갖는 건 그렇지 않다. 사뭇 만만하게 느껴진다. 실제로 정말 그렇기도 하다. 이런 느낌 덕분에 기존 생활 패턴에 마음의 부담 없이 글쓰기를 끼워 넣을 수 있다. 즉, 생활 전체를 바꿀 필요 없이 꾸준히 글 쓰는 습관을 기를 수 있는 것이다.

현재 일상을 그대로 유지하면서 '8분 글쓰기 습관'을 새로

들이는 데 있어서 포그BJ Fogg 교수의 조언이 유용하다. 스탠포드 대학교에 재직하면서 습관 형성 전문가로 활동하는 그에 따르면, 습관 들이기의 시작은 최대한 간단한 일과 병행하는 것이다. 그가 제시하는 습관 형성의 뼈대는 새로운 행동을 유발하는 '방아쇠', 행동, 보상으로 구성된다. 이 방법은 '8분 글쓰기 습관'에 적용하기도 좋다. 간단하게 설명하면, 일상에서 늘 하는 어떤 행동을 '방아쇠'로 삼은 다음 그 행동을 한 직후에 8분 동안 글 쓰는 훈련을 하는 것이다. 예를 들어 늘 점심을 집에서 먹을 경우, 밥을 다 먹고 설거지를 하자마자 '8분 글쓰기 습관'을 실행하는 식이다.

나는 포그 교수의 '사소한 습관 기르기 프로그램(Tiny Habits method)'을 강력하게 추천한다. 그의 홈페이지(http://bjfogg.com)에서 소개하는 바에 따르면, 포그 교수는 20년 넘게 인간 행동을 연구하고 있다. 그는 대단한 습관을 들이는 것보다 새로운 습관을 들이는 기술 자체를 터득해야 진짜 변화가 가능하다고 말한다.

그에 따르면, 습관을 바꾸는 방법은 오직 세 가지다. 깨달음을 얻거나 환경을 바꾸거나 아주 작은 시도를 하는 것이다. 깨달음을 얻어서 행동을 변화시키기란 현실적인 방법이 아니다. 대부분의 평범한 사람들에게는 꿈같은 이야기일 뿐. 하지만 습관을 바꾸기 위해 환경을 바꾸거나 아주 작은 시도를 하는 방법은 현실적이고 효과가 있다. '사소한 습관 기르기 프로그램'은 환경과 아주 작은 시도의 힘을 활용한다.

훈련은 5일 과정이다. 습관 형성과 작동 원리 같은 것을 이해하고 난 뒤 기르고 싶은 습관 3가지를 선정한다. 거대한 변화를 요구하는 습관이 아니라 사소한 것이어야 한다. 수많은 사람을 관찰한 결과, 간단한 일이어야 효과가 컸다. 효과를 확인하고 습관 들이기에 성공하고 싶다면 '3분 안에' 끝날 정도로 간단하고 사소한 일이어야 한다고 포그 교수는 강조한다.

먼저 어떤 습관을 새로이 들일지를 정하라. "___ (현재 갖고 있는 습관 하나)를 하면, ___ (앞으로 갖고 싶은 새로운 습관)을 한다." 라는 형식에 맞게 노트에 적는다. 예를 들어보자.

"아침에 커피를 따르고 나면, 영어 문장 하나를 소리 내어 읽는다."
"세탁기를 돌리고 나면, 4B 연필을 쥐고 스케치북을 연다."
"퇴근하고 집에 오면, 2분 동안 가만히 호흡을 관찰한다."
"아침을 먹고 양치질을 하고 나면, 일단 나가서 택시를 잡고 헬스장으로 가자고 말한다."

새로운 습관은 반드시 기존 습관을 행한 직후에 시도해야 한다. 이때 기존 습관이 새로운 습관을 형성하는 데 일종의 '방아쇠' 역할을 하는 것이다. 기존 습관을 새로운 습관의 '방아쇠'로 삼는 이유는 기억력이다. 새로운 습관은 그 내용 자체가 낯설기 때문에 쉽게 잊는다. 하지만 이미 자기도 모르게 하고 있는 일을 이용하면 기억력의 한계를 극복할 수 있다. '방아쇠'가 있으면 뇌가 그 일 다음에 해야 할 일을 빠르게 익힌다. 따라서 기존의 어떤 습관 뒤에 새로운 습관을 연습할지 신중하게 설계해야 한다.

다음으로, 주위 환경을 새로운 습관을 들이기에 편하도록 설정해놓으라. 만약 영어 문장을 말하는 습관을 들이고 싶다면, 영어 책이나 노트를 커피 머신 옆에 놓아두는 것이다. 커피를 따르고 나서 책을 집어 들면 바로 그 문장이 보이고 읊는 데 30초도 걸리지 않는다. 그 일을 하기 위해 '노력했다'라고 할 것도 없다.

마지막으로, 새로운 습관을 실천했을 때마다 성공을 자축하라. "오늘 하루 정말 엉망이었지만, 적어도 이 일만큼은 내가 마음먹은 대로 해냈어!" 성공 경험을 그냥 넘기지 말고 상기하고 자축하자. 낯선 행동에 대해서 긍정적 감정을 느낄 때마다 인간은 더 빨리 새로운 습관을 들인다. 같은 맥락에서 절대로 새로운 습관 때문에 고통스러운 느낌이 들지 않도록 주의하는 것이 중요하다. 고통을 느끼면 뇌는 그 일을 피할 구실을 찾는다. 반면, 즐겁고 좋은 느낌을 받으면 뇌는 또 그 일을 하고 싶어 한다. 스쿼트를 100번 하는 습관을 들이려고 하면 분명 실패한다. 처음에는 힘들다는 생각이 전혀 들지 않도록 10번 정도로 줄여야 한다.

대개 동기가 강하면 실행 동력이 클 것이라고 여긴다. 하지만 실제로 동기는 믿을 만한 동력이 되지 못한다. 처음 고무됐던 마음이 지속되는 경우가 별로 없고 그에 따라 새로운 습관을 들이겠다는 결심도 흐지부지되기 일쑤다. 대단하고 특별한 습관을 들이겠다고 작정하는 것도 실패할 가능성이 크다. 반드시 원하는 것이되 감정적 부담이 크지 않은 행동이어야 한다. 이 방법대로만 하면 자동으로 새로운 행동과 반응을 하고 있는 자신의 모습을 발견할 것이다. 습관을 들이는 방법만 알면 어떤 습관이든지 들일 수 있다. 진짜 중요한 것은 실행이다.

셋째, 하찮은 습관도 시간이 지나면 강력해진다

'8분 글쓰기 습관'은 짐짓 하찮고, 실행하기에 부담 없는 글쓰기 방법이다. 이렇게 말하는 건 습관의 원리 때문이다. 내가 습관에 대해서 조사한 바에 따르면, 하찮고 부담 없는 일일수록 그 일을 하는 행동에 중독되고 훗날 습관으로 발전할 가능성이 크다.

'8분 글쓰기 습관'은 평생 설정해 놓아야 할 고정값이 아니다. 최소한 해야 할 기본에 지나지 않는다. 하찮은 습관이라도 지속하는 한 시간이 갈수록 강력해진다. '8분 글쓰기 습관'은 규칙적 글쓰기를 한결같이 지속하는 태도로 이어지며, 이로써 출간이나 전업 작가 같은 원대한 목표에 다가가는 첫걸음을 떼는 것이다.

더 빨리, 더 잘 쓰는 방법을 연구할 때 나는 빨리 쓰는 방법부터 찾으려고 했다. 그런데 이런저런 시도를 할수록 속도보다 훨씬 중요한 건 꾸준함이라는 교훈을 얻었다. 어쩌면 오늘은 8분을 겨우 채웠는지도 모른다. 하지만 8분 글쓰기를 거듭할수록 글쓰기가 몸에 붙기 시작한다. 그러다 보면 8분 쓰기를 하루에 서너 번 혹은 그 이상 할 정도로 역량이 향상되기 마련이다.

'8분 글쓰기 습관'을 이번 장에서 소개하는 8가지 전략과 병행하면 성과가 쌓이는 모습을 보게 될 것이다. 다시 한 번 말하지만, '8분 글쓰기 습관'은 그저 기본에 지나지 않는다. 하루 동안 여건이 되는 대로 더 많이 시도한다는 자세를 갖도록 하라.

아침에 글쓰기

하루 동안 글 쓰는 시간을 이리저리 옮겨보자. 글을 가장 잘 쓸 수 있는 시간을 찾기 위해 필요한 시도다. 그런데 이런 시도를 할 만한 시간이 없는 사람도 있다. 그렇다면 이런 시도를 해본 작가가 낸 결론을 참고하자. 대부분 글쓰기에 가장 좋은 시간으로 꼽은 때는 아침 시간이다.

이제 '8분 글쓰기 습관'에 대해 알았으니, 이번에는 두 번째 전략을 적용해서 '8분 글쓰기 습관'에 큰 변화를 주어보자. 하루 중 처음으로 글을 쓰는 시간을 아침으로 옮기는 것이다. 할 수 있으면, 아침에 깨서 가장 먼저 하는 일로 첫 글쓰기 시간을 갖는 것도 좋다.

내가 아는 전업 작가는 거의 다 이렇게 한다. 몇 가지 이유가 있다.

첫째, 가장 중요한 일을 하루 중 맨 처음 해야 한다

습관에 관심을 둔 적이 있는 사람이라면, 하루 동안 해야 하는 일 가운데 제일 중요한 일을 맨 처음 해야 한다는 얘기를 많이 들어 알고 있을 것이다. 이런 태도로 즉각 성과를 내고 그날 해야 할 일 하나를 얼른 지울 수 있다. 아마 이런 얘기도 들었을 것이다. "해야 하는 일 목록에서 가장 중요한 일을 맨 꼭대기에 두어야 한다."

심리학자 로이 F. 바우마이스터Roy Baumeister와 존 티어니John Tierney는 이에 관한 연구를 저서 《의지력의 재발견Willpower》에 풀어놓았다. 해야 할 일을 달성하기 위해 바우마이스터와 티어니가 강조하는 사항은 간단하다. 일단 목표를 정한 다음 그에 필요한 목록을 만든다. 그리고 목록대로 실행하고 휴식하기다. 여기서 주목해야 할 사항은 목표를 분명하게 정하는 것으로, 이것이 가장 중요하다. 목표는 어떤 일을 하고 어떤 일을 하지 않아야 할지를 구분하는 기준이 되기 때문이다. 목표 없는 실행은 "피해야 할 음식이 뭔지도 모른 채 다이어트에 돌입하는 것처럼 방향 없는 변화"라고 그들은 지적한다.

목표는 대개 한두 개에 그치지 않는다. 특히 현대인은 다방면에서 이루고자 하는 목표가 너무 많아서 탈이다. 규칙적 운동과 건강한 식습관, 독서량과 분야 확장하기와 업무 관련 전문 지식 쌓기, 여행하기 등 사람마다 종류와 양이 수없이 다양하고 많다. 그러다 보니 목표가 상충하는 경우가 생긴다. 운동 강도나 시간을 늘리려는 목표는 영양을 충분히 섭취할 때 성공 가능성이 크다. 동시에 식습관을 개선하기 위해 식사량을 줄이려는 목표를 갖고 있으면 한 가지를 이루려고 노력하다가 다른 한 가지를 놓치기 쉽다. 연구에 의하면, 이처럼 목표가 상충하면 목표 실행에 대한 고민에 시달린다. 이는 정신적 육체적 스트레스로 이어져 질병을 가져온다. 당연히 좋은 결과를 성취하지 못한다. 성취 가능성은 선명하고 갈등 없는 목표를 가질 때 가장 크다.

책에서 소개하는 한 여성 장군의 전략적 접근법도 참고할 만하다. 군인을 대상으로 시간과 자원 관리법에 대해 강연하는 자리에서 심리학자들은 스물다섯 단어 이내로 자기

임무를 정리해보라고 요청했다. 강연에 참석했던 군인들은 대부분 당황하면서 제대로 대답하지 못했다. 이때 유일하게 일목요연하게 자기 임무를 얘기한 사람이 바로 여성 장군이 었다. 그녀에게는 비결이 있었다고 한다. "일단 우선 처리해야 할 일의 목록을 정한다. 1번, 2번, 3번, 이런 식으로. 그리고 네 번째 목록 이하는 모두 삭제한다." 저자가 설명하는 그녀의 전략은 장단기 목표와 세부 사항을 전부 포괄하는 것이다. 이에 대한 설명을 덧붙이면, 목표와 관련된 일을 하는 데 방해되는 요소를 제거하기 위해 머릿속에 떠오른 것들을 전부, 중요하든 사소하든, 개인적이든 공적이든, 장기적이든 단기적이든, 애매하든 구체적이든 상관하지 않고 모두 꺼내놓는 것이다. 그런 다음, 이를 분석하거나 분류하거나 계획을 세우는 게 아니라 그저 다음에 할 일을 구체적으로 정한다. 일을 계속 추진하려면 다음에 어떤 일을 해야 할지 아는 것이 중요하기 때문이다.

우리 뇌는 하다 만 일을 계속 떠올린다고 한다. 뇌에게 '하다 만 일'이란 일을 끝마치지 않은 상태라는 의미가 아니다. 그 일에 대한 '계획'을 완성하지 못한 상태다. 책에서 소개하는 연구에 의하면, "일을 끝마치지 못하고, 심지어 일 처리에 실질적 진전이 없는데도 그 일에 대한 계획을 세우는 단순한 행동 하나만으로" 뇌가 일을 계속 떠올리는 현상이 사라졌다. 일의 목적뿐만 아니라 다음에 어떤 일을 해야 하는지 분명하지 않으면 마음이 불안해지고, 뇌는 집중하지 못한다.

따라서 처리하는 데 2분 이상 걸리는 일이라면, 그 일을 다 할 때까지 해야 하는 일의 순서를 정하는 것부터 하는 것이 좋다. 그래야 지금 하는 일에 집중할 수 있다. 글 쓰는 일이라면 쓸 내용이나 사건 순서 또는 개요→줄거리→보완→수정 같은 글쓰기 진행 순서를 정해놓아야 비로소 창조적 상태가 되는 것이다. 만약 일을 최종적으로 끝내는 데 2분이 걸리지 않을 경우엔 즉시 해치우는 게 낫다고 조언한다.

둘째, 하루 동안 더 많이 쓸 수 있다

아침에 맨 처음 한 일이 글쓰기였다면, 아주 일찍부터 '원고 쓰기'에 접속한 상태라는 의미다. 이 상태는 하루 종일 지속될 것이다. 심지어 표면적으로는 더 이상 원고 생각을 하지 않더라도 잠재의식에서는 줄거리, 인물 묘사와 관련한 생각이 작동한다. 8분이 글을 쓰기에 긴 시간은 아니기 때문에 하루의 첫 글쓰기 시간 동안 뇌를 글쓰기 모드로 맞춰 놓으면 그와 관련한 아이디어가 술술 떠오르는 걸 경험하게 될 것이다. 이런 현상은 하루 종일 원고 작업을 하는 데 큰 동력으로 작용한다.

점심시간에 글쓰기 시간을 한 번 더 가질 계획을 갖고 있다면 실제로 점심시간에 글을 쓸 때까지 계속 그 생각이 사라지지 않을 것이다. 또한 저녁이 다 될 때까지 오후 내내 원고 생각을 하게 될 테니, 저녁 글쓰기도 수월해질 것이다.

셋째, 창의 에너지를 깨우다

할 일이 너무 많아서 글 쓸 시간이 부족하다고 하소연하는 사람들이 겪는 가장 큰 애로사항이 있다. 직장 업무를 하느라 녹초가 된 나머지 퇴근하고 나서는 시체처럼 누워 있는 것 말고는 아무것도 못 하겠다는 것이다. 아침에 글쓰기를 하면 온종일 글쓰기 에너지가 살아 움직인다. 아침 글쓰기로 일찌감치 '승운을 탄' 뇌는 계속 승리에 촉각을 세우고 그 운을 이어 나가려고 한다.

이렇게 말하는 작가도 있다. "저녁에 글을 쓴다는 건 아침에 '8분 글쓰기'를 했다는 의미다." 따라서 저녁 글쓰기가 더 맞을지라도, 저녁 글쓰기를 하려면 반드시 아침에 글쓰기 모드를 활성화시켜 놓아야 한다.

나는 이 이론을 나 자신과 가까운 전업 작가 여럿에게 적용해봤다. 아침에 '뽀모도로'로 하루를 시작하는 날엔 그렇지 않은 날보다 더 많이 썼다고 하나같이 말했다. 아침에 '뽀모도로' 25분을 온전히 하는 게 최고다! 그런데 '8분 글쓰기'만으로도 똑같은 효과를 얻을 수 있다. 나 자신과 다른 작가들에게서 직접 효과를 확인했지만, 그래도 의심스러우면 시험 삼아 한 주만 해보라. 별로 도움이 되지 않는다 싶으면, 기존 방식으로 되돌아가면 되니까!

덤

머릿속 생각이 집중을 방해할 때

나는 '뇌가 일을 계속 떠올리는 현상'을 자주 겪는다. 나는 '집순이'다. 집에서 일하고 집에서 밥 먹고 집에서 쉰다. 좀처럼 집 밖에 나가지 않다가 꼭 나가야 할 일이 있는 날 미뤄뒀던 볼일을 한꺼번에 처리한다. 도서관에 가서 책을 반납하거나 빌리는 일, 생수 같은 식료품을 사는 일, 구청에서 서류를 떼는 일, 수선할 옷을 맡기는 일 등등 일상의 잡다한 일을 외출하는 날 한꺼번에 처리하는 식이다. 그런 날엔 아침부터 머릿속이 복잡하다. 하나도 빠트리지 않고 전부 다 해야 한다는 압박감에, 게다가 가장 효율적인 순서로 일을 처리해야 한다는 생각에 할 일들이 계속 떠오른다. 외출하기 전에 책을 읽거나 글을 쓰려고 책상에 앉아도 좀처럼 집중하지 못한다. 시선은 펼쳐놓은 책에 가 있지만, 머릿속은 오늘 들러야 할 장소와 챙겨야 할 것으로 가득 차 있는 것이다.

이럴 때면 도저히 안 되겠다 싶은 마음에 펜을 들고 머릿속에 있는 장소를 전부 끄집어내서 종이 위에 펼쳐 놓는다. 그런 다음 방문할 순서를 결정해서 그 위에 각각 번호를 꾹 눌러쓴다. 그렇게 순서를 정해서 하루 동안 처리할 일을 계획하고 나면, 머릿속에서 트럼플린을 타듯 방방 튀어 오르던 여러 생각이 얌전해진다. 더 이상 방해받지 않고 책 읽기나 글쓰기에 집중할 수 있게 된다.

글쓰기와 관련해서도 비슷한 현상이 나타나는 경우가 있다. 어떤 아이디어가 떠오르면 그것을 쓰기 전까지는 다른 일을 못한다. 아침 일과를 할 때 종종 그런 경우가 생긴다. 아침 시간에 나는 대개 커피를 마시면서 글을 쓴다. 아이디어가 없거나 막연한 날엔 인터넷 서핑을 하면서 의미 없는 클릭을 몇 번 하다가 컴퓨터를 끄는 경우도 있다. 그리고는 가벼운 운동을 한다. 그런데 조금 전까지만 해도 막연하던 생각이 꼬리에 꼬리를 물고 머릿속으로 밀고 들어온다. 그때부터 몸과 마음이 따로 놀기 시작한다. 뇌는 그 생각을 마치 '하다 만 일'처럼 계속 떠올리고, 이 때문에 마음이 분주해져서 몸이 하고 있는 일이 더 힘들게 느껴진다. 집중이 흐트러지는 것이다.

하던 일을 그만두고 당장 글을 쓰고 싶은 욕구가 요동치는데, 때때로 그 충동에 항복하기도 한다. 그러면 글은 쓰지만 그 시간에 원래 하려던 일은 물 건너가고 만다. '작가적 충동'이라고 그럴 듯하게 포장할 수도 있을 것이다. 하지만 아이디어가 떠오를 때마다 쓰고 싶은 욕구를 통제하지 못해서 하던 일을 집어던지고 글을 쓰다가는 생활이 엉망이 되기 십상이다. 아무리 글 쓰는 일을 하고자 해도 자기 행동을 스스로 통제할 수 있어야 한다. 그렇지 못한 상태를 우리는 중독이라고 규정한다.

글쓰기에도 중독과 비슷한 정신질환이 있다. '하이퍼그라피아'다. 이런 상태에 놓인 사람은 심신이 지칠 정도로 끝없이 글을 쓰지 않고는 못 배긴다. 모든 일을 꼼꼼하게 기록으로 남기려고 하기도 한다. 아마 처음엔 나와 비슷한 현상을 겪으면서 중증으로 발전한 것이 '하이퍼그라피아'일 것이다. '하이퍼그라피아' 상태인 사람이나 나 같은 사람이 갖고 있는 쓰고 싶은 강렬한 욕구는 글감을 잊어버리지 않을까 하는 불안에서 발생한다. 좋은 내용이 될지도 모르는 글감이라면 하나라도 잃기 싫은 마음이 조바심으로 이어진다. 게다가 '하다 만 일'을 계속 떠올리는 뇌의 특성까지 더해져 더 불안한 상태가 되는 것일 테다.

이를 해결하는 방법은 떠오른 글감 아이디어를 메모하는 것이다. 해야할 일의 순서를 정하듯이 키워드를 글 전개 순서에 따라 나열하면 불안하던 마음이 진정된다. 글을 제대로 쓰지 않아도 글 전개 계획을 세우는 것만으로 뇌가 아이디어를 계속 떠올리는 현상이 사라지는 것이다. 이를 '8분 글쓰기 습관'으로 활용할 수도 있겠다. 그러고 나서 그 시간에 원래 하려던 일에 집중하면 글쓰기와 일상의 조화라는 두 마리 토끼를 다 잡을 수 있다.

이동하면서 글쓰기

많은 작가가 글쓰기에 관심 있는 사람들을 도와주려는 좋은 뜻에서 이렇게 말한다. 특정 책상, 특정 의자, 특정 키보드 같은 특별한 도구를 갖추는 것이 글을 쓰는 데 도움이 된다고 말이다. 이것도 한 가지 방법이 될 수 있다. 하지만 내 경험을 비롯해서 수많은 작가와 의견을 나누면서 얻은 교훈은 '완벽한 장비 신드롬'은 글을 쓰는 데 역효과를 가져온다는 사실이다. 많은 전업 작가는 글쓰기를 그렇게 유난스럽게 여기지 않는다. 어디에 있든 상황이 어떻든 개의치 않고 쓴다.

이동하면서 그리고 언제 어디서든 글을 쓰는 태도에는 세 가지 이로운 면이 있다.

첫째, 첫 글자를 쓰는 데 안달복달하지 않는다

어디서든, 어떤 장비를 갖고 있든 개의치 않는다면 글을 한 줄이라도 쓰지 못할 이유가 없다.

우리는 너무 자주 글을 쓰는 것에 관해서 이런저런 핑계를 대고 지레 겁을 먹는다. 그러다가 하루 종일 겨우 단어 하나 쓰는 날이 반복된다. 책에 담을 사건과 장면에 대해서 너무 많이 생각한다. 하지만 실제로 한 번에 한두 단락을 쓰는 데는 분명 몇 분밖에 걸리지 않는다.

이동하면서 글을 쓰려면 자투리 시간을 활용하고, 갖고 있는 도구를 충분히 이용하는 수밖에 없다.

둘째, 짧은 시간 동안 전력으로 쓰기 때문에 자투리 시간을 활용할 수 있다

여유 시간이 거의 없다고 여기는 사람들이 많지만, 사실은 하루 동안 틈틈이 생기는 자투리 시간이 있기 마련이다. 긴 통근·통학 시간도 있고, 줄 서서 지루하게 기다리는 시간도 있다. 뿐만 아니라 불시에 계획이 변경됨으로써 한 달 동안 허비하는 시간이 어마어마하다. 이동하면서 글을 쓰면 이런 자투리 시간을 활용하고, 멍하니 보내는 대신 생산적인 일을 할 수 있다.

어디서든 다양하게 '8분 글쓰기' 시간을 마련할 수 있다. 어떤 작가는 침대에서 '8분 글쓰기'를 한다. 마트 계산대 앞에서 순서를 기다리는 동안 쓰는 사람도 있다. 기차를 타고 이동하면서, 점심시간이나 출퇴근 시간을 이용하는 사람도 있다.

하루 동안 생기는 자투리 시간에 틈틈이 글을 쓰다보면 온종일 상당히 많은 분량이 쌓인다.

셋째, 다른 8가지 전략을 실천하기가 쉽다

앞에서 아침에 깨면 가장 먼저 글쓰기부터 하는 게 좋다고 제안했다. 오로지 침대 바로 옆에 노트북을 둔 덕분에 매일 꾸준히 글 쓰는 습관을 갖게 된 작가가 수없이 많다. 말 그대로 일어나자마자, 그들은 노트북을 켜고 자판을 두드리기 시작한다. 그 정도로 열심히 쓰는 것이다.

나 역시 침대 옆 탁자에 낡은 아이패드와 키보드를 놓아 둔다. 아침에 눈을 뜨면 제일 먼저 아이패드를 무릎에 올려 놓고 그날 할 일과 관련한 내용을 입력한다. 이메일이나 블 로그에 게시할 글을 쓰기도 하고, 작업하고 있는 책 내용을 쓰는 때도 있다. 이렇게 하는 시간은 15분에서 20분에 불과 하다. 하지만 아침에 눈 뜨자마자 제일 먼저 그날 해야 할 일을 시작함으로써 마음 자세가 크게 달라진다.

침대에서 글을 쓰는 모습이 유난스럽긴 하다. 모든 작가 가 그러는 것도 아니다. 하지만 침대를 벗어나기 전에 '8분 글쓰기'를 하는 모습은 꽤 멋지지 않은가. 게다가 이 얼마나 편안한 일인가. 눈 뜨자마자 잠자리에서 일어나기도 전에 노트북을 두드리는 모습은 이러한 전략이 글을 더 많이 쓰 는 데 어떻게 효력을 발휘하는지 보여주는 한 가지 예시일 뿐이다.

자, 이동하면서 글을 쓰려면 어떻게 해야 할까? 두 가지만 준비하면 된다.

- 갖고 다닐 수 있도록 노트와 개요를 다양한 형태로 준비하기

이동하면서 글을 쓰려면 미리 쓰려고 하는 책의 윤곽을 잡아둬야 한다. 노트를 빨리 꺼낼 수 있도록 준비하고, 초고에 담을 내용을 정확히 알아둔다. 개요와 초고에 필요한 내용 사본을 간단하게 준비하는 방법도 좋다. 노트와 펜을 챙기거나 작고 가벼운 노트북 또는 태블릿을 늘 갖고 다닐 수도 있다. 핸드폰에 저장해 놓으면 조금 더 간편할 것이다.

- 다양한 장치로 호환되는 에버노트 혹은 심플노트 같은 소프트웨어 프로그램 사용하기

자동으로 메모를 동기화하고 내용을 취합하는 어플리케이션을 사용하면 간편하다. 글쓰기 프로그램인 스크리브너 Scrivener 사용자라면 심플노트Simple Note 사용을 추천한다. 성가신 설정 없이도 스크리브너와 동기화된다. 심플노트도 그

렇고, 에버노트Evernote나 구글킵Google Keep, 네이버메모도 PC
와 연동하고 동기화할 수 있다. 구글 드라이브나 네이버 클
라우드에 파일을 올렸다가 PC에서 내려 받는 방법도 있다.

플랜 C 활용하기

앞서 설명한 전략을 사용하면 매일 글 쓰는 일이 한결 수월해진다. 하지만 그래도 여전히 아주 사소한 일을 하는 것조차 번거롭게 느껴지는 날이 있기 마련이다. 불안한 기분에 휩싸이거나 모든 일이 꼬이고 있다는 느낌이 들 때가 있다. 또는 말 그대로 녹초가 돼서 기본만 겨우 할 수 있는 날도 있다.

이런 날 하루 때문에 군이 철도 사고를 낼 것까지는 없다는 사실을 전업 작가들은 알고 있다. 그런데도 이런 날엔 경로를 이탈해버리는 경우가 많다.

나는 이런 날을 무사히 보내기 위해서 '플랜 C'라는 간단한 요령을 활용한다. 플랜 A나 플랜 B 같은 방법은 누구나 들어봤을 것이다. 플랜 A는 모든 게 완벽하게 흘러가고 예상했던 대로 일이 돼가는 상황일 때 따르는 계획이다. 한 주를 시작할 때가 대개 그렇다. 월요일과 화요일은 대단히 생산적인 날이다. 수요일부터 일이 슬슬 틀어지기 시작한다.

플랜 B는 플랜 A에 대한 대안으로써 원래 계획대로 할 수 없어서 해야 할 일을 수정하거나 생략할 때 따르는 계획이다. 플랜 B는 수요일에 해야 하는 글쓰기를 토요일 아침으로 옮기거나 또는 원래 하기로 한 시간 대신 저녁 먹고 나서 글 쓸 만한 짬을 마련하는 것처럼 쉽고 간단하다. 플랜 B가 결코 이상적인 상황은 아니다. 가장 효과적이거나 최적의 결과를 내는 방법도 아니다. 하지만 비상사태가 생기거나 일부를 조정할 필요가 있는 경우엔 융통성을 발휘하기에 좋다. 글을 전혀 쓰지 않는 것보다 조금이라도 글을 쓰는 게 나으니까.

플랜 C는 일종의 재난 계획이다. 즉, 계획한 일이 완전히 엉망진창이 됐을 때 시행하는 계획인 것이다. 사흘 동안 한 글자도 쓰지 못했는데 어느새 스스로 정한 마감 날짜가 코앞에 닥쳤을 때, 책 작업은 말도 안 되게 꼬이고 게다가 아이까지 아프다. 무엇보다 세상 모든 일이 내게 적대적으로 움직이는 것 같은 기분이 들 때다. 그럴 때 글을 쓰려면 어떻게 해야 할까?

이런 상황이 하루 이틀 만에 끝나지 않는다면, 도대체 어떻게 해야 글쓰기 생활로 돌아갈 수 있는 것일까? 글을 전혀 쓰지 못한 채 한 달을 통째로 흘려보내지 않으려면 말이다.

플랜 C는 기본 중의 기본으로써 그날 할 수 있는 '최소한의 핵심적인 일' 정도를 하는 계획이다. 어떤 사람들에게 플랜 C는 아침에 '8분 글쓰기 습관' 훈련을 하는 것일 수 있다. 어떤 사람들에게는 줄 서서 차례를 기다리는 몇 분 동안, 스마트폰에 초고 몇 줄을 녹음해 웹에 저장해두는 것일 수도 있다. 또 어떤 사람들에게는 원고를 펴놓고 최근에 쓴 부분을 꼼꼼히 읽으면서 추가하거나 빼거나 바꿀 사항을 정리하는 일이 될 것이다.

플랜 C에 어떤 일을 담든 상관없지만, '최소한의 핵심적인 일'은 반드시 포함해야 한다. 생활이 말도 안 되게 꼬이고 세상이 나를 상대로 온갖 음모를 꾸미더라도 하루 동안 자기 자신과 한 글쓰기 약속만큼은 지키고 있다는 사실을 확인하면 기분이 한결 나아지기 때문이다. 아무리 못해도 플랜 C를 지키는 나날을 엮다보면 플랜 B에 이어 마침내 플랜 A를 할 만큼 의욕을 회복할 것이다.

평상시 글쓰기 일정을 회복하는 데 활용하는 내 플랜 C는 짧은 글을 써서 블로그나 구글플러스(페이스북처럼 인터넷 공간에서 정보나 의견을 주고받으며 교류하는 서비스)에 올리는 것이다. 내게는 무척 부담 없는 '최소한의 일'이며 글쓰기 습관을 회복하는 데 효과가 좋다. 덕분에 매번 단 며칠 만에 원고 작업을 다시 시작하고 글 쓰는 시간을 더 많이 확보한다.

글쓰기 여정을 할 때 '자기가 지금 서 있는 곳에 있으라'는 조언이 있다. 플랜 A는 하루에 8시간, 플랜 B는 하루에 4시간, 그리고 플랜 C는 하루에 2시간 쓰라는 말이 아니다. 플랜 C를 세우는 것은 하루에 그저 몇 분 동안 자기가 진짜로 할 수 있는 일을 계획하라는 의미다. 그래야만 글쓰기 작업을 실제로 진전시킬 수 있다. 플랜 A와 플랜 B도 이와 마찬가지로 계획해야 한다. 꾸준하게 글 쓰는 습관이 아직 형성되지 못한 상태라면 플랜 A는 아침에 '8분 글쓰기 습관' 들이기 훈련이어야 할 것이다.

꾸준하게 글 쓰는 습관을 쌓아 가면서 그 수준에 따라 플랜 A, 플랜 B 그리고 플랜 C를 수정하고 난이도를 높일 수 있다. 그때까지는 계획을 완수함으로써 자기 자신을 진심으로 긍정적으로 느낄 수 있도록 현실적인 계획을 세워야 한다는 것을 명심하라.

덤

직장인 하경덕 씨의 플랜 C 활용 사례

어느 기업 재무팀에서 일하는 하경덕 씨는 언젠가 소설을 한 편 출간하리라는 꿈을 갖고 있다. 어릴 적부터 무협지와 판타지 소설을 즐겨 읽으며 쌓은 내공 덕분에 자신도 이야기를 쓸 수 있겠다는 막연한 자신감이 생겼다. 하지만 실제로 글쓰기는 그에게 익숙한 일이 아니다. 책을 영화 보는 기분으로 읽기만 했지 다 읽고 나서 감상문 한 줄 쓴 적이 없다. 회사 업무도 숫자만 붙들고 씨름하는 게 대부분이다. 보고서를 쓰기는 하지만 숫자와 그에 대한 건조한 설명을 나열할 뿐이다. 글을 쓰려고 작심을 하고 책상에 앉아서 문서 프로그램을 열어놓기를 얼마나 반복했는지 모른다. 흰 바탕 귀퉁이에서 깜빡이고 있는 작은 막대기를 보면, 막연하게 머릿속에서 떠돌던 인물과 주요 사건이 꽁무니를 빼고 달아나 버렸다.

어느 주말 아침, 아무도 밟지 않은 눈같이 깨끗한 빈 문서를 한참 동안 노려보다가 힘겹게 한 글자를 새겼다. 생전 처음 쓰는데 엉터리같이 쓴다 한들 무슨 흠이겠냐고 생각하자 웬일인지 글이 술술 풀리기 시작했다. 시간 가는 줄 모르고 단숨에 네댓 장이나 썼다. 주말 이틀 동안 두세 시간씩 썼다. 그 여세를 몰아 월요일 아침, 일찌감치 출근해 아무도 출근하기 전 조용한 사무실에서 한두 페이지를 썼다. 이삼 일 야근을 했지만, 다음날 일찍 출근한 덕분에 일주일 내내 아침마다 글을 쓸 수 있었다. 탄력이 붙은 듯 글쓰기에 대한 저항감 없이 문장을 쌓아갔다.

그러던 어느 날, 부서 회식이 있었다. 오랜만에 있는 회식인데다 요즘 글쓰기 컨디션도 잘 유지하고 있어서 기분이 들뜬 나머지 과음을 하고 말았다. 다음날 가까스로 지각을 면했다. 속은 쓰리고 머리가 띵해서 글쓰기는커녕 업무도 못하고 하루 종일 자리만 겨우 지켰다. 퇴근하고 쓰러지듯 잠자리에 들었지만, 그 다음날도 컨디션을 회복하지 못했다. 글을 쓸 만큼 일찍 출근하지 못했고 밀린 업무를 하느라 진땀을 뺐다. 며칠 야근하면서 지내자 아침 일찍 출근하기가 어려웠다.

그렇게 일주일 넘게 보내다가 모처럼 일찍 출근해서 다시 글을 쓰려고 앉았다. 열흘 만에 원고 파일을 열었다. 여태까지 쓴 글을 한 번 쭉 읽고 이어서 쓰려고 키보드에 손을 얹었는데 좀처럼 손가락이 움직이질 않는다. 깜빡이는 커서를 보면서 멍하게 있으니 어느새 동료들이 하나둘 출근하고 근무시간이 됐다. 할 수 없이 내일을 기약하며 문서를 그대로 닫았다.

다음 날 아침, 오늘은 다를 줄 알았는데 어제와 똑같다. 스토리를 어떻게 이어나가야 할지 모르겠다. 시간만 흘려 보내다가 문서를 그냥 닫기를 며칠째 반복하고 있다. 문득 깨달았다. '작가 장벽'에 갇혔구나. 작가도 아닌데… 흐흐

다시 글쓰기 리듬을 회복하는 것이 시급했다. 어떻게 해야 할까? 이런저런 책을 뒤져보다가 《8분 글쓰기 습관》을 발견했다. 마침 글쓰기 패턴을 회복하는 방법도 있다. 그에게는 '플랜 C'가 필요했다. 구체적인 방법은 사람마다 다르지만, 핵심은 두 가지다. 여태 쓴 글을 확인하면서 성취감을 느끼는 것 그리고 어떤 내용이든 일단 문장을 몇 개 만드는 것이다. 한마디로 오븐 예열하듯이 글쓰기 시동을 거는 것이다. 충분히 예열된 오븐이 비로소 빵을 구울 수 있고, 시동 걸린 자동차가 비로소 앞으로 나아갈 수 있듯이 말이다.

그는 '8분 글쓰기'를 선택했다. 일찍 출근해서 글 쓸 시간을 확보는 했지만 이야기 전개를 하지 못하고 있는 상태이기 때문이다. 알람을 8분으로 설정해놓고 아무거나 그저 쓰기로 했다. 첫날은 '글을 쓰지 못하고 있으니 답답하고 불안하다. 잘 써지던 때가 그립다.' 이처럼 떠오르는 머릿속 생각을 그냥 썼다. 둘째 날은, 부하직원과 소통이 잘 되지 않았던 부분에 관해서 썼다. 이번엔 어제와 달리 교훈과 성찰을 담은 결론으로 끝맺었다. 제법 그럴싸한 글 한 편을 완성한 기분이 들었다. 그러고 나서

쓰고 있던 원고를 보니, 8분 쓰기 한 글과 관련해서 뭔가 실마리가 떠오르는 듯했다. 원고를 이어가지는 못했지만, 하루 동안 틈틈이 생각을 다듬을 수 있었다. 그렇게 며칠 지내다가 어느 날 아침부터 다시 원고를 쓸 수 있었다. 이후에도 그 리듬을 유지했다. '작가 장벽'에서 벗어난 것이다.

전 단계로 후진하기

'작가 장벽'은 글쓰기 여정에 있는 사람들에게서 장차 작가가 되려는 포부를 묵사발 내는 방해물 가운데 하나다. '작가 장벽'을 완벽하게 피할 수 있는 아주 간단한 방법이 있다. 책으로 출간할 정도로 완벽한 원고는 아니더라도, 이 방법을 이용하면 적어도 뭔가를 끼적거릴 수는 있다.

이 방법에 대해서 본격적으로 설명하기 전에 강조하고 싶은 사항이 있다. 책에 대해 메모하는 것은 책의 초고를 쓰는 것과는 다르다는 사실이다. 잘 쓰지 못했더라도 초고는 그 무엇보다 값지다.

그렇긴 하지만 누구에게나 '작가 장벽' 같은 것을 겪느라 초고를 쓰지 못하는 시기가 오기 마련이다. 염려 마시라! 이런 상황에서 '전 단계로 후진하는 방법'을 활용하면 순조롭게 글쓰기를 계속할 수 있다.

'전 단계로 후진하는 방법'이란 무엇일까? 꽤 간단하다. 초고가 잘 안 써질 때 이전 단계로 되돌아가서 쓰는 것이다. 나는 초고를 쓰기 직전에 책에 대한 메모를 하는데 세 단계 과정을 거친다. 단계는 자신이 원하는 대로, 자신에게 잘 맞는 순서로 얼마든지 바꿀 수 있다. 다음은 내가 사용하는 단계다.

1단계 윤곽 잡기

각 장의 문단마다 두 문장씩을 작성한다. 그 장에서 어떤 일이 벌어질지를 설명하는 것이다.

윤곽을 잡는 방법은 간단하다. 등장인물과 기본 갈등을 만들어놓는다. 나는 각 장마다 장면 하나씩을 설정해놓는 스타일이다. 나와 달리 많은 작가가 하듯이 각 장마다 여러 장면을 설정할 경우 각 장면에서 등장하는 갈등에 대해 한두 문장씩 써놓으면 좋다.

2단계 장면 윤곽(비트) 만들기

1단계에서 작성한 각 장의 윤곽을 대략 다섯 문단으로 늘린다. 한 문단이 대화로 이루어지는지, 설명문이 되는지 아니면 독백인지를 표시한다. 대화, 설명, 독백은 각기 다른 방식으로 써야 한다. 대부분 작가는 이 가운데 하나를 더 선호한다.

많은 작가가 이 단계를 실행하지 않고 넘어간다. 글을 쓰다가 만나는 골칫거리는 대개 이 단계를 건너뛰었기 때문에 생긴다.

근본적으로 장면 윤곽은 각 장에 대해서 좀 더 구체적이다. 1단계에서 써놓은 한두 문장을 한두 문단 이상으로 늘려야 한다. 번거로운 일 같지만 아주 쓸모 있는 작업이다. 나중에 시간을 많이 절약할 수 있다.

문단에는 기본적으로 각 장에서 일어나는 일을 설명한다. 이것은 마치 친구에게 당신 얘기를 설명하는 것과 비슷하다. 쓰고 있는 장면을 친구에게 얘기하면, 친구는 궁금한 사항을 묻기 마련이다. 이를 설명해주는 동안 한두 문장에 불과

했던 윤곽이 한두 문단으로 늘어나는 것이다. 또한 당신은 어떤 정보와 행동을 장면에 넣어야 할지를 알 수 있다. 그 정보를 어떻게 풀지, 독자에게 얼마나 알려줄지, 독자나 등장인물이 보고 경험할 내용을 어떤 것으로 할지 등도 결정할 수 있다. 이것이 바로 장면 윤곽 작업이다.

이 작업으로 이야기 한 편을 완성하는 데 걸리는 시간을 단축할 수 있다. 친구가 개연성을 검증해 줌으로써 초고를 쓰기 시작하기 전에 미흡한 부분을 보완할 수 있다. 다시 쓰거나 구성을 달리 하는 수고를 피할 수 있는 것이다. 장면 윤곽을 잡는 동안 각 장에서 얘기하는 사건이 왜, 어떻게, 구체적으로 어떤 일이 생기는지에 대한 세부 사항을 생각해 내기도 한다. 이는 등장인물, 구성, 주제, 배경 등에 대한 훌륭한 청사진을 만드는 장점이 있다.

3단계 개요 작성하기

2단계에서 각 장면의 윤곽을 '설명'했다면, 3단계에서는 이를 '묘사'로 바꿔서 독자가 장면을 볼 수 있도록 그린다.

장면에 대한 짧은 설명이라고 생각하면서 쓰는 것이다. 장면 윤곽(비트) 사이를 연결하는 문장이나 장면 전환 효과를 표현하려고 애쓰지 않는다. 다만, 각 장면의 윤곽마다 단어를 300개에서 500개 정도 쓰려고 노력한다. 핵심은 확실한 대사를 쓰는 게 아니라 장면의 줄거리를 대강 만드는 것이다.

개요 작성은 직장 업무를 해야 해서 글 쓸 시간이 넉넉지 않은 사람들에게 더 유용하다. 이런 사람들은 이때 잠깐 25분, 저때 한 시간 이렇게 불규칙하게 자투리 시간을 낼 수밖에 없기 때문에 집중해야 겨우 조금 쓸 수 있다. 그럴 때는 초고를 갖고 씨름하지 말고 개요를 짜라. 개요란 기본적으로 반쯤 완성한 아주 작은 초고이다.

나는 장면 윤곽을 잡을 때, 딱 세 가지에 집중한다. 대화, 독백, 행동이나 사건이다. 개요를 짜는 단계에서 뼈대를 쓰는 것이다. 대화를 쓴다면 대화의 기본 개요만 잡는다. 대화가 이루어지는 장소, 대화자가 하는 일 같은 것에 대한 정보는 나중에 보충한다.

이야기 방향을 향해 아주 흐릿하게 선을 그려 넣는 것이라고 가볍게 생각하라. 그저 즐기면서 단어가 이끄는 대로 내버려둬라. 개요 작성에서 유념해야 할 사항은 유연성이다. 세부적인 것은 얼마든지 추가할 수 있다. 이야기 방향이 유연해야 내가 그 흐름을 보고 필요한 것을 채울 수 있다.

개요를 짜는 동안 많은 부분을 결정할 수 있다. 쓰는 동안 결정할 사항이 적을수록 얘기가 술술 풀린다.

초고 쓰기

개요를 다듬어서 '컴파일compile'한다. '컴파일'이란 컴퓨터 용어로, 프로그램을 실제로 작동하는 것이다(오류가 없다는 의미). 소설 쓰기에서는 누군가에게 글을 보여줄 수 있을 정도로 빠진 부분 없이 다 썼을 때 '컴파일' 할 준비가 됐다고 할 수 있겠다. 이는 초고를 반드시 완벽하게 써야 한다는 의미가 아니다. 읽은 사람이 "근데, 침실에 있던 사람들이 어떻게 갑자기 식당으로 간 거야?"라고 의아해하지 않을 정도로 이야기 흐름이 자연스러운 정도면 된다.

초고가 잘 풀리지 않으면 나는 이전 단계로 돌아가서 개요 쓰기를 한다. 만약 개요 쓰기도 잘 안 되면, 더 이전 단계로 가서 장면 윤곽을 쓸 것이다. 이런 식으로 '이전 단계로 후진하는' 것이다.

앞서 작업의 상당 부분을 해놨기 때문에 막상 초고를 쓸 때는 문제 될 게 별로 없을 것이다. 초고를 쓰는 동안에는 묘사, 배경 변화, 색깔을 추가한다. 묘사란 배경이나 인물이 입고 있는 옷 또는 대화하면서 하고 있는 일 같은 것에 대한 설명이다. 배경 변화란 등장인물이 있는 곳에 대한 설명이다. 등장인물은 여기저기 돌아다니는데, 그 이동이 이야기에 직접 영향을 주지 않으면 다소 지루하다. 그렇다고 생략하면 독자는 매우 혼란스러워한다. 한두 문장으로라도 설명을 해야 한다. 색깔이란 문장을 멋지게 만들기 위해 개성을 불어넣는 것이다. 즉, 초고를 더 재미있고 기발하게 만드는 것이다.

초고는 엮는 단계다. 내용에 필요한 요소를 모아서 사람들이 읽을 수 있는 이야기로 엮는 것이다. 초고를 쓰고 나면 수정하거나 편집 같은 마무리 작업을 할 수 있다.

전업 작가는 대부분 이와 비슷한 '전 단계로 후진하는 방법'을 활용한다(물론 모든 작가가 자기에게 맞게 방법을 조금씩 수정하긴 하지만). 보통 우리는 글쓰기 습관을 들이는 훈련을 너무 쉽게 회피한다. '작가 장벽'이 찾아오려고 하면 하루 정도 글쓰기를 건너뛰고 싶은 마음이 들겠지만, 이는 결국 '작가 장벽'을 더 악화시킬 뿐이다. 비유하자면, 한 달 내내 세금 납부를 미루는 것이나 마찬가지다. 납부일 첫 날, 어떻게 세금을 내야 할지 머릿속이 복잡하다. 그렇다고 열흘 동안 이를 피한다고 해서 세금 내기가 수월해지는 법은 없다.

전업 작가는 무엇을 쓰느냐보다 꾸준히 쓰는 습관을 지속하는 게 훨씬 중요하다는 사실을 알고 있다. 글쓰기를 대학교 P/F 과목이라고 생각해보라. 성적을 따로 매기지 않기 때문에 이런 과목은 출석이 중요하다. 그렇다면 '전 단계로 후진하는 방법'으로 엉성한 초고라도, 또는 상세한 메모라도 쓰는 게 아예 쓰지 않는 것보다 낫다.

'전 단계로 후진하는 방법'에는 또 다른 장점도 있다. 글쓰기 습관을 유지할 뿐만 아니라 '작가 장벽'을 조금씩 제거하는 것이다. 메모를 하는 동안 실제로 '작가 장벽'이 해결된다. 내 경우, 1단계인 윤곽 잡기로 후퇴하더라도 불과 며칠

만에 기존 단계를 회복한다. 다시 초고 쓰기 단계로 가기까
지 일주일이 채 걸리지 않는 것이다.

'전 단계로 후진하는 방법'이 자신에게 맞는지 시험 삼아 해보라. 장담컨대, 글쓰기 습관을 약화시키는 '작가 장벽'에 또다시 부딪히는 일은 없을 것이다.

이 세 가지 단계와 초고 쓰기 단계를 활용하면 초고를 빨리 쓸 뿐만 아니라 이야기 구상 능력도 향상시킬 수 있다. 장기적으로 더 좋은 작가가 될 수 있는 확실한 방법이다.

다른 작가들과 협업하기

글쓰기 습관을 들이는 훈련을 혼자 지속하기가 힘든 사람이 있다. 그런 사람은 자신과 수준이 비슷한 다른 작가와 함께 작업하는 방법도 유용하다.

물론 자신보다 수준이 훨씬 나은 작가와 함께 작업한다면 더없이 좋겠지만, 그런 사람을 찾기가 쉽지 않을 것이다. 이야기 구성 능력이나 독자층 확보 면에서나 상대 작가가 내게서 얻을 장점이 크지 않기 때문이다.

이런 점 때문에 다른 작가와의 협업은 당신에게도 내키지 않는 도전으로 여겨질 수 있다. 하지만 내가 경험한 바로는 작가 경력을 비약적으로 쌓을 수 있는 좋은 방법 가운데 하나다. 다른 작가와 함께 작업한 덕분에 나는 2014년 한 해 동안 책을 8권이나 출간하고 단편 소설도 한 편 낼 수 있었다. 공저로 낸 작품 가운데 하나는 로맨스 장르다. 그 공저자와는 지금까지도 친하게 지내고 있다. 공저는 각자가 갖고 있는 기량으로 서로 부족한 부분을 보완할 수 있는 장점이 있다. 공저 작품에서 내가 채우지 못하는 부분을 그 작가가 많이 보충해주었다. 협업을 하면서 서로에게서 많은 부분을 배울 수 있었고, 지금까지 인기를 얻고 있는 연재물을 낼 수 있었다.

이처럼 단기적으로 훌륭한 결실을 얻었지만, 장기적으로는 훨씬 더 유용한 성과가 있었다. 단기간에 이야기 구성 능력이 향상되었고 새로이 얻은 기량을 재빨리 기존 글쓰기 방식에 융합했다. 이후 혼자 출간 작업을 하면서 연재물을 낼 때, 공저자와 함께 고안한 방식을 그대로 적용할 수 있었다. 더 이상 그와 작업하지 않아도 꽤 자연스럽게 이야기 흐름을 전환할 수 있게 된 것이다.

2014년에 했던 또 다른 공저 작업은 작가 문집을 내는 것이었다. 단편 소설 약 25편을 담았다. 이 협업에 참여하지 않았다면, 지금까지 정기적으로 만나 의견을 교환할 수 있는 작가를 이렇게 많이 알지 못했을 것이다. 또한 문집에 실릴 만한 단편 소설을 쓰지도 못했을 것이다. 그때 쓴 단편 소설을 바탕으로 나는 수년 안에 이야기를 확장해서 연재물을 더 낼 계획이다.

문집 작업을 하는 동안 마감 기한이 넉넉지 않고, 상호 검토 과정이 철저한 덕분에 단편 소설 쓰는 일정을 맞추는 데 전력을 다할 수 있었다. 동료 작가들의 이런 도움이 없었다면, 나는 결코 그 소설을 완성하지 못했을 것이다. 단기간에 소설을 완성하도록 나를 독려해준 동료들에게 무척 고마운 마음이다.

공저를 진행하는 방식이 어떻던, 다른 작가와 작업함으로써 책임감 있는 태도를 갖게 되는 것이 가장 값진 소득이다. 여러 사람과 함께 작업하는 동안 당신은 한편으로는 부담을 느끼겠지만 확실한 동기 부여가 된다. 무엇보다 앞으로 작가 경력을 쌓는 데 매우 소중한 자산이 될 새로운 기량을 터득하게 될 것이다.

올해는 할 일이 너무 많아서 공저에 참여하지 못했다. 하지만 작가 경력을 계속 쌓으려고 한다면 이 전략을 강력하게 권한다. 공저로 큰 성공을 거두면서 작가로 데뷔하는 경우가 많다. 그런 사람들은 대개 한두 해 만에 (공저 과정을) '졸업'하고 단독 출간을 준비한다. 그리고 공저 경험을 통해 향상된 기량 덕분에 더 빠른 시간 안에 책을 완성한다. (나 역시 그랬다!)

가족 끌어들이기

앞서 글쓰기가 기존에 중요시하던 일이나 해야 할 일을 방해하지 않고 서로 조화를 이루도록 하는 방법을 설명했다. 어떤 전업 작가는 작품 활동을 하는 데 가족을 적극적으로 끌어들이기도 한다. 가족을 끌어들이는 방법은 여러 가지다.

첫째, 가족을 첫 독자로 만든다

저녁에 자기가 쓴 원고를 가족에게 읽어주거나, 초고를 챕터 별로 배우자에게 보여주는 방법이 있다. 배우자나 자녀에게 내용이 어떤지 의견을 들을 수 있고, 수정할 부분에 대한 도움을 구할 수도 있다.

둘째, 쓰고 있는 내용에 대해서 매일 가족에게 이야기한다

마치 자녀에게 그날 학교생활이 어땠는지 묻는 것처럼, 그날 자기가 한 작업에 대해서 가족에게 얘기하는 것이다. 이렇게 하면 당신이 하는 일에 대해 가족들의 협조를 구할 수 있을 뿐만 아니라 신뢰감을 얻는 효과도 있다. 특히 배우자는 당신을 돕기 위해 뭔가를 양보해야 하는 경우가 많다. 따라서 당신이 하고자 하는 일을 이루기 위해서 노력하는 모습을 보여주면 배우자는 자신의 양보가 헛되지 않다는 확신과 보람을 느낄 것이다.

셋째, 작업 진척에 따른 보상을 가족과 함께 나눈다

작가로서 일을 잘 해내는 데 가족이 협조하도록 만드는 방법만 있는 게 아니다. 책 작업을 하면서 동시에 가족에 대한 당신의 역할을 다하는 방법도 있다. 마치 아이들과 함께할 '집안일 목록'을 만들 듯이, 온 가족과 함께할 '글쓰기 작업 목록'을 만들어서 공유하는 것이다. 책 작업에서 특정한 일이나 중요한 단계를 마칠 때마다 자기 자신에게 특별한 보상을 하되, 반드시 가족과 함께 즐기라는 의미다. 가령, 한 주 동안 챕터 세 개를 쓰면 일요일에 아이스크림을 먹으러 다 같이 가자고 해보자. 가족들은 당신의 일을 응원할 뿐만 아니라 글쓰기 시간을 지키도록 협조하고 계속 작품을 내는 데 필요한 여러 활동을 존중해줄 것이다.

내용을 약간 수정해야 하겠지만, 직장 동료나 친구 또는 친척에게도 똑같은 방식으로 협조를 구할 수 있다.

마감 기한 공표하기

지금까지 다양한 방식과 전략을 소개했다. 그 어떤 방법보다 전업 작가들이 가장 애용하는 방법이 있다. 아주 일찌감치 출간 일정을 정해놓는 것이다. 나를 포함해 많은 작가가 마감일을 정해놓고 그에 맞춰 원고를 쓴다. 내년, 내후년 심지어 그 다음 해에 무엇을 쓸 것인지 확실한 계획을 갖고 있는 작가도 있다.

혼자만 볼 수 있는 달력에 마감일을 표시해 놓는 것만으로는 안 된다. 반드시 사람들에게 마감일을 알려야 한다.

나는 내가 얼마나 쓸 수 있는지 잘 알고 있다. 방해받는 일이 없다면, 몸과 마음에서 피로를 느끼지 않고 온 종일 단어 사오천 개 분량을 쓸 수 있다. 초고를 쓰는 데 드는 시간만큼 책을 교정하는 데 드는 시간도 비슷하게 걸린다는 것도 알고 있다. 즉, 책 한 권에 단어 75,000개 정도를 쓴다면, 초고 쓰는 데 19일 그리고 퇴고하는 데 19일이 걸린다. 물론 최고 기량을 발휘할 경우다.

이 정도 성과를 내려면 다른 계획이 없어야 한다. 휴가나 큰 프로젝트 또는 긴급한 일이 갑자기 생기면 앞에서 언급한 숫자는 곧장 종적을 감춘다. 따라서 한 권에 단어 75,000개 정도 분량의 책을 쓰려고 할 때 보통 두 달 반 정도 기한을 두고, 그 기간 안에 완벽하게 끝내려고 노력한다. 그 시점이 공표할 마감일이 되는 것이다. 그 뒤부터는 책을 홍보하면 된다.

마감일을 맞추려면 자신의 작업 역량을 꼭 알아야 하긴 하지만, 일단 책을 만드는 시스템을 완벽하게 구축한다면 지킬 수 있는 현실적인 마감일을 정할 수 있다.

사실 나는 예전에 마감 기한이 있는 게 싫었다. 하지만 지금은 정말 중요하게 여긴다. 마감 기한이 없으면 지금처럼 많은 성과를 내기 힘들었을 것이다. 그런 제약 덕분에 한 번에 한 가지 일에만 집중할 수 있었고, 시의 적절하게 퇴고를 끝낼 수 있었다.

나는 퇴고보다 초고 쓰는 과정을 더 좋아하는데, 이 때문에 예전에 늘 곤란을 겪었다. 마감 기한을 제대로 설정하면서 작가로서 중요한 사실을 깨달았다. 하루하루가 얼마나 소중한지 그리고 꾸준하게 매주 써야 할 분량을 쓰지 않으면 큰 고통 속에서 여러 날 밤을 꼬박 새워야 한다는 사실 말이다.

나는 마감 기한을 마지막에 정한다. 마감 기한을 정하는 일 자체가 까다롭기도 하고, 경험을 많이 쌓은 작가에게는 그렇게 하는 것이 가장 좋기 때문이다. 하지만 마감일을 잘 맞추고 글쓰기를 미루지 않고자 한다면, 마감일부터 먼저 정하라. 다만 수준에 맞게 정하도록 하라. 욕심 부리다가는 낭패 보기 십상이니까!

3장

하루 8분 8일간
훈련으로 꾸준히 쓰는
습관 만들기

자, 앞서 설명한 전략을 실천할 차례다. 시험 삼아 해본다는 가벼운 마음으로 8일 동안 하루에 8분 글쓰기, 즉 8×8에 도전해보자!

　책에서 얻은 요령과 개념을 이해하는 데 그치지 말고 실제로 해볼 때 비로소 글쓰기 습관을 개선할 수 있다. 하루에 기껏 8분 동안 글 쓰는 도전으로 2장에서 언급한 전략을 차곡차곡 체화함으로써 큰 성과를 얻게 될 것이다.

'8분 글쓰기' 전력 질주

'8분 글쓰기' 도전 첫날이다. 작업하고 있는 원고를 열고 타이머를 설정하라. 집중에 방해되는 것들을 전부 치우라. '8분 글쓰기'를 시작하라!

어떤 내용을 쓸지 신경 쓸 것 없다. 중요한 건 8분 동안 계속 쓰는 것이다. 쓸 내용이 마땅치 않아 단어 몇 개밖에 쓰지 못해도 괜찮다. 중요하지 않다. 반드시 지켜야 하는 유일한 규칙은 자판을 두드리면서 원고에 집중한 채 온전히 8분을 보내는 것이다.

글을 쓰면서 몰입을 경험한 적이 한 번도 없다면, 8분 글쓰기를 처음 할 때 아마 자기 자신이 꿈꾸는 듯한, 저의식 상태인 것처럼 느껴질지도 모른다. 마치 손가락이 의식을 가져간 듯 내가 무엇을 하고 있는지 잊는 것이다. 안심하라! 심지어 8분 동안 눈을 감아도 된다. 이는 재미를 더하는 방법이기도 하다. 명상하는 척하면서 마음을 차분하게 하고 손가락이 떠오르는 생각을 기록하도록 내버려두는 것이다.

8분 글쓰기를 다 하고 나면, 자신의 모습을 찍거나 댓글을 다는 등 하고 싶은 대로 아무것이나 SNS에 올려라. '#8분글쓰기습관'을 붙이는 것도 잊지 말자.

쑥스러워 하지 말고, '8분 글쓰기 습관'에 도전하는 동안 선호하는 SNS에 소식을 올리세요. 인스타그램에 '8분 글쓰기 습관'을 해쉬태그하면 저(옮긴이)를 포함한 여러 사람이 서로 확인할 수 있습니다.

덤

8분은 왜 중요한가

'8분 글쓰기' 첫날 훈련은 두 가지 의미에서 중요하다. 첫 번째는 시간 제약이다. 우리는 흔히 시간이 많으면 더 잘, 더 많은 일을 해내리라 기대한다. 그래서 어떤 일을 끝내놓고 늘 이런 후회를 한다. '시간이 조금 더 있었다면 더 준비해서 더 잘할 수 있었을 텐데.' 이런 기대나 후회는 큰 착각이다. 시간이 많으면 집중하기 어렵기 때문이다. 집중할 대상이 있어도 긴장감이 없으면 마음이 해이해진다. 게다가 잘하고 싶은 마음도 자꾸 커져서 시작을 미루게 된다. 아이디어를 너무 많이 내도 개념화하고 조직하는 작업을 방해한다. 혼돈 상태에 빠지는 것이다. 시간을 제약해야 마음이 긴장해서 대상에 집중할 수 있다. 그때 효율성도 높아진다.

대문호 빅토르 위고 역시 시간 제약 덕분에 《노트르담의 꼽추》를 완성할 수 있었다고 한다. 출판사와 계약한 뒤, 1년 동안 글을 하나도 쓰지 않자 출판사는 마감 시한을 정했다. 정신이 번쩍 든 위고는 옷을 전부 상자에 봉인했다. 외출하지 않기 위한 조치였다. 그러자 비로소 글쓰기에 집중했고 마감 시한보다 더 빨리 글을 완성했다고 한다. 《대통령의 글쓰기》 저자 강원국도 뇌를 긴장시키기 위해 시계를 보면서 글을 쓴다고 한다.

나 역시 전작 《하기 싫은 일을 하는 힘》 원고를 쓰는 동안 이런 방법을 사용했다. 나는 직장인이 업무할 때 느끼는 상태를 차용했다. 위고처럼 출판사와 계약을 한 게 아니라 마감이 없었기 때문이다. 직장인은 보고서든 회의 자료든 프로젝트든 완성해서 제출해야 할 기한이 있다. 그때까지 완수하지 못하면 자리를 보존하기 힘들어진다. 그런 긴장 상태에서 일하는 것은 괴롭고 힘들다. 하지만 그 긴장이 없으면 조직이 제대로 굴러가지 못할 것이다. 성과를 내려면 혼자 일할 때도 예외가 아니다. 그 긴장과 괴로운 상태를 스스로 가정해야 한다.

일상에서 위기감은 피하고 싶은 상태지만, 창의적 작업을 하는 사람들은 일부러 스스로 위태로운 기분을 느끼도록 만든다. 그것이 성과의 비법이라면 비법이다. '8분'이라는 짧은 시간에 글쓰기에 집중하는 훈련은 글쓰기 습관을 형성하기 시작한다는 점에서 앞으로 더 유용할 것이다.

두 번째는 몰입이다. '마치 손가락이 의식을 가져간 듯한' 상태가 되는 것은 작가로서 큰 자산이다. 《뼛속까지 내려가서 써라》로 잘 알려진 소설가 나탈리 골드버그는 글쓰기를 섹스와 비교하기도 한다. 손을 계속 움직이고, 감정과 자기 자신을 억제하지 말아야 한다는 점에서 그렇다. 이 두 가지는 결국 머리를 굴리며 생각하지 말라는 의미다. 마치 손가락이 의식을 가져간 듯! 바로 이런 점 때문에 그녀는 글쓰기와 일기가 다르다고 말한다. 일기가 자기 자신에 대해서 되돌아보고 분석해야 하는 글인 반면, 글쓰기는 마음이 만들어내는 것, 그래서 저절로 떠오르는 생각, 상상, 감정이 뇌를 통해 우리를 통과할 때 단지 그것을 지면에 옮겨 적는 일이라고 말한다. 이런 상태라면 '명상을 하는 척' 하면서 '손가락을 내버려두라'는 모니카 레오넬의 지침이 사뭇 도움이 될 것이다. 내용이 개연성이 있는지, 문법에 맞는지, 오타가 있는지 같은 사항은 쓰는 동안 당연히 개의치 말아야 한다.

나 역시 글 쓰는 일을 하는 지인이나 블로그에서 이와 비슷한 얘기를 들었다. '글을 쓰는 동안 내가 사라지는 느낌이 든다.' 나도 이런 상태를 경험한 적이 있는지 명확하게 인지하지는 못하겠지만, 글을 다 쓰고 나서 내가 쓴 느낌이 들지 않는 경우는 종종 있다. 글 내용을 처음부터 끝까지 추려놓지 않고 그냥 글을 쓰기 시작했는데 저절로 글이 이어지는 때가 있다. '내가 어떻게 이런 생각을 했지?'란 의문이 들 정도로 생각지 않은 방향으로 글이 완성된다. 그렇게 쓴 글은 대체로 좋다. 〈그들이 사는 세상〉, 〈디어 마이 프렌즈〉 등 여러 히트 드라마 극본을 쓴 작가 노희경도 언젠가 비슷한 말을 한 적이 있다. 자기가 글을 쓰는 게 아니라 흰 바탕에 글씨가 씌어져 있는 대로 글자를 쓸 뿐이라는 것이다.

이 연습은 쓸 내용이 준비되지 않았다는 핑계로 글쓰기를 미루지 않도록 해준다. 어차피 글쓰기가 내게 스쳐 지나가는 생각, 감정, 상상 같은 것을 기록하는 것이라면 내 머릿속에 쓸거리가 얼마나 들어 있는지는 그리 중요하지 않다. 일단 손가락을 놀리기 시작하면, 글이 저절로 드러날 것이다. '8분 글쓰기'는 그것을 놓치지 않는 상태가 되도록 만드는 훈련이다.

'8분 글쓰기 습관' 한 걸음 나아가기

어제 실행한 '8분 전력 질주' 연습을 해본 소감은 어떤가? 뭔가 달라지거나 얻은 게 있는가? 8분 동안 끝까지 글쓰기에 집중했나? 책에 담을 만한 문장이 있는가?

첫날 도전의 핵심은 초고를 진전시켰느냐 아니냐가 아니다. 초고를 진전시키는 것은 이제부터 신경 쓸 일이다. 8×8 도전에서 첫날 목표는 오로지 자기 능력에 대한 자각이다. 8분 동안 앉아서 쓸 수 있는 능력이 내게 있다는 사실을 확인하는 것이다.

8×8 도전을 순조롭게 진행하고 있다면, 글쓰기와 일상생

활을 조화롭게 꾸려갈 수 있는 자신의 능력을 스스로 확인한 것이다. 매일 해야 하는 여러 가지 일에 글쓰기를 추가하는 것이 대수롭지 않다는 사실 말이다. 어제 첫 도전을 무사히 완료한 것은 매일 적어도 8분 동안 글을 쓸 만한 시간, 에너지, 자원이 있다는 증명이다. 이건 대단한 것이다.

오늘 도전을 시작하기 전에 어제 했던 글쓰기를 잠깐 떠올려보자. 더 잘하려면 무엇을 하면 좋았을까? 더 생산적인 글쓰기를 하려면 어떻게 해야 했을까? 다음번 '8분 글쓰기'에서 시도하고 싶은 건 무엇인가? '8분 글쓰기 습관'을 시도하면서 느낀 점을 종이에 손으로 직접 써보자. 다음번 '8분 글쓰기'에서 고려할 사항을 정리해보는 것이다. 예를 들어보자.

- 자판으로 입력하지 말고 손으로 쓰기
- 이메일 작성 대신 원고 작업하기
- 의자에 앉아서 쓰지 말고 서서 쓰기
- 하루 일과 후에 쓰지 말고 아침에 일하러 가기 전이나 아이들을 챙기기 전에 쓰기

누구나 시도해보고 싶을 만한 몇 가지 예시를 정리해보았다. 아마 다양한 개선 사항이 나올 것이다. 개선점을 다 적었다면, 둘째 날 도전을 시작하자.

오늘 도전은 방금 적은 제안 가운데 하나를 '8분 글쓰기'를 하는 동안 해보는 것이다. 당연히 핵심은 '8분 동안 쓰기'다. 이번에는 새로움을 더하고 흥미를 지속하기 위해 작은 변화를 주어보자.

어떤 변화를 주든 상관없다. 첫날 방법이 잘 맞는다고 느껴도 개의치 말고 변화를 시도하라. 오늘 목표는 기존 안전지대에서 벗어나 다른 방법을 시도해보는 것이다. 오늘 시도가 어제 했던 방법보다 훨씬 나을지, 해보기 전까지는 알 수 없는 노릇이다. 어쩌면 역시 어제 방법을 고수하겠다는 고집이 맞았다고 여길지도 모른다. 그렇다면 어제 방법이 내게 훨씬 맞는다는 사실을 확인하는 것이다. 아무렴 상관없다. 어떤 결론을 내리든 자기 자신과 자신의 글쓰기 스타일에 대해 흥미로운 면을 알게 될 테니까.

내일 도전은 준비가 필요하다. 준비란 바로 이동하면서 쓴다는 마음가짐을 갖는 것이다. 글쓰기 습관을 유지하려면 이동하면서 쓸 줄도 알아야 한다.

이 습관과 능력은 매우 중요하다. 모든 작가에게 나타나는 주요 작가 장벽 가운데 하나가 글쓰기에 좋은 상황이 펼쳐지기를 바란다는 점이다. 글을 쓰기에 딱 좋은 이상적 상황이어야만 글을 쓸 수 있는 게 아니다. 8×8 도전을 하면서 이 사실을 깨닫게 될 것이다. 직업 작가는 어떤 일이 생기든 상관없이 계속해서 글을 쓴다. 핸드폰에 떠오르는 생각을 입력해 놓기도 하고, 일하러 가면서 녹음해 두거나 노트북에 쓴다.

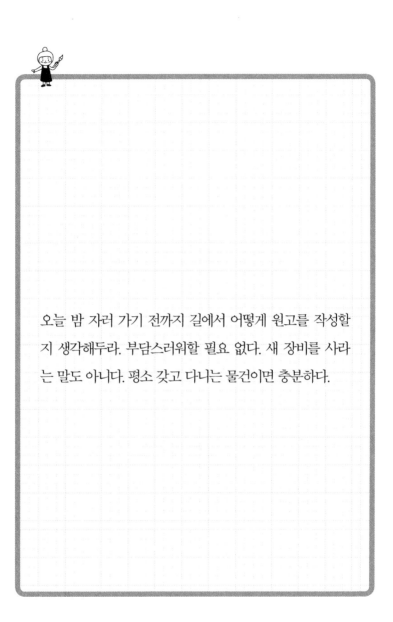

오늘 밤 자러 가기 전까지 길에서 어떻게 원고를 작성할지 생각해두라. 부담스러워할 필요 없다. 새 장비를 사라는 말도 아니다. 평소 갖고 다니는 물건이면 충분하다.

예를 들어, 스크리브너Scrivener를 사용하고 있다면 그것으로 됐다. 이동하면서 글을 쓰기 위해 굳이 새 소프트웨어를 사서 아이패드와 호환되도록 하거나 아이패드를 새로 사라는 의미가 아니다.

정작 내일 도전을 위해 해야 할 일은 핸드폰과 호환되는 무료 어플에 쓰고 있던 글을 복사해서 붙여 넣는 것이다. 어플리케이션을 다운받고 싶지 않다면, 쓰고 있던 글을 자기 자신에게 이메일을 보내서 컴퓨터나 도구에서 접근 가능하도록 준비하라. 만약 스마트폰을 사용하지 않는다면, 쓰고 있는 원고를 프린트해서 가방에 넣어두고 갖고 다니는 방법도 있다.

이동하면서 글을 쓸 수 있는 가장 단순한 방법이 무엇인지 생각하라. 아래 장소에 가서 글을 쓸 수 있는지 한번 알아보라.

- 슈퍼마켓 농산물 식품 구역 앞에 서서
- 집 소파에 앉아서

- 가까운 공원 벤치에서

- 자동차 안에서

- 직장에서 점심시간에

- 아침에 눈 뜨자마자 혹은 자려고 침대에 누워서

아무 장소에서나 쓰던 원고를 이어서 쓸 수 있도록 필요한 모든 준비를 하라.

이동하면서 '8분 글쓰기'

'8분 글쓰기' 3일째다. 어제 준비했듯이 오늘은 이동하면서 글쓰기를 하는 날이다. 먼저 하루 동안 언제든 컴퓨터 앞에서 '8분 글쓰기'를 한 번 하라. 아침 시간에 '8분 글쓰기'를 한다면 가장 좋겠지만, 꼭 그래야 하는 건 아니다. 3일째 연습은 재미 삼아 해보는 방법이니, 지금은 가장 편안한 때에 '8분 글쓰기'를 먼저 한 번 하기만 하면 된다. 그리고 나서 3일째 방법을 시도할 것이다.

자, 오늘 해야 할 '8분 글쓰기'를 했으니, 재미 삼아 추가 시간을 가져보자. 바로 이동하면서 글쓰기를 하는 것이다.

나머지 도전 기간 동안 이동하면서 글쓰기를 해도 괜찮겠다는 생각이 들 수도 있다. 순전히 선택 사항이지만, 정말 재미있는 시간이 되리라 보장한다. 심지어 당신은 앞으로 남은 6일 동안 내내 이동하면서 글을 쓰게 될지도 모른다. 나는 분명 그러하리라 기대한다!

아래는 단순한 목록이 아니다. '8×8 보물찾기 게임'에 가깝다.

게임 방법은 아래 명시한 장소 중에서 자신에게 맞는 방법을 찾는 것이다.

- 슈퍼마켓 농산물 식품 구역 앞에 서서
- 집 소파에 앉아서
- 가까운 공원 벤치에서
- 자동차 안에서
- 직장에서 점심시간에
- 아침에 눈 뜨자마자 혹은 자려고 침대에 누워서

보물찾기를 다하고 나면, 그 장소에 있는 자신의 모습이나 그 장소에서 쓴 글이나 단어 개수를 찍어서 애용하는 SNS에 올린다. 자, 남은 도전을 하는 동안 재미 삼아 보물찾기를 해보는 것도 좋다.

내 보물찾기는 여러분이 SNS에 올린 사진을 찾는 것으로 삼으려 한다. '#8분글쓰기습관'이라고 표시하는 것을 잊지 말라.

쑥스러워 하지 말고, '8분 글쓰기 습관'에 도전하는 동안 선호하는 SNS에 소식을 올리세요. 인스타그램에 '8분 글쓰기 습관'을 해쉬태그 하면 저(옮긴이)를 포함한 여러 사람이 서로 확인할 수 있습니다.

내일 도전도 준비가 필요하다. 긴장하지 말고, 그저 평소보다 15분 일찍 깨도록 알람만 맞춰놓으면 된다. 피곤하고 싫겠지만 분명 후회하지 않을 것이다.

카페에서는 왜 글이 잘 써질까

환경을 바꾸면 글쓰기에 큰 활력이 생긴다. 글을 쓰다보면 잘 안 풀리는 때가 누구에게나 있다. 전업 작가도 예외가 없다. 이럴 때 작가들은 책상을 떠나 다른 장소에서 쓰는 방법을 택한다. 앞서 언급한 나탈리 골드버그는 '작가 장벽'에 부딪혔을 때 카페를 이용했다고 한다. 글쓰기 리듬을 회복하기 위해서 친구에게 일방적으로 만날 시간을 통보하고, 친구 대답은 듣지도 않은 채 무조건 카페로 가서 자리를 잡았다. 친구를 기다리는 동안 쓴다고 생각하기 위해 매일 그렇게 했다. 그러다 보니 나중엔 친구와 약속하지 않아도 혼자서 카페에 가면 글을 쓸 수 있게 됐다고 한다.

내가 아는 지인도 안 써지는 글을 붙들고 며칠을 씨름하다가 안 되겠다 싶어 카페로 갔다고 한다. 장소를 옮기자 그렇게 안 써지던 글을 두 시간 만에 끝냈다고 한다. 《대통령의 글쓰기》저자 강원국 역시 카페나 도서관에 가면 글이 잘 써진다고 말한다. 그는 그 원인을 백색소음으로 들었다. 자연의 소리를 비롯해 적당한 소음은 우리 귀에서 다른 거친 소음을 제거해 오히려 집중력을 높이는 환경을 제공한다는 것이다. 나도 풀지 못하고 있던 글을 들고 서울 근교 어느 도서관까지 간 적이 있다. 소음이 있는 곳은 아니었지만 새로운 환경에 가니 글을 마무리할 수 있었다. 뿐만 아니라 더 좋은 내용을 담을 수 있었다.

산책을 이용하는 사람도 있다. 칸트가 오후 세 시만 되면 산책을 하면서 사색했다는 사실은 유명하다. 뇌 과학에 의하면, 양 다리와 팔을 앞뒤로 움직이면 기억과 감정을 정리하는 효과가 있다고 한다. 슈퍼마켓, 공원, 도서관, 카페 같은 곳을 가는 동안 산책 효과가 발생하고, 그로 인해 생각이 정리돼 글을 더 잘 쓸 수 있게 되는 것이다.

내 경험을 살펴보면, 집이 아닌 곳에서 글을 쓰려고 앉으면 살짝 긴장한다. 시간 제약이 있으면 뇌가 긴장하듯이 완전히 마음을 놓을 수 없는 환경에 가서 글을 쓰려고 하는 시도가 가벼운 긴장을 일으켜 집중할 수 있도록 만드는 것이다. 슈퍼마켓 식품 구역 앞은 글쓰기에 최고의 긴장감을 유발하는 곳일 테다.

아침에 '8분 글쓰기'

굿모닝! 새로 맞은 아침이다. 이제 슬슬 '보물찾기'를 시작해볼까. 모두들 내가 앞서 제안한 장소에서 글 쓰는 재미를 느꼈기를 바란다.

오늘 도전은 간단하지만 중요하다. 오늘이 '8분 글쓰기' 4일째 되는 날인 만큼, 이제 '8분 글쓰기'를 아침마다 하는 일상으로 생각하게 됐을 것이다. 어제, 평소 일어나는 시간을 약간 조정해 15분 일찍 일어나도록 알람을 설정해 놓아야 한다고 했다. 덕분에 평소보다 15분 일찍 일어났으니, 당장 '8분 글쓰기'를 할 시간이 있다. 날 새기 전에 시작하자!

오늘도 '#8분글쓰기습관'이라고 표시를 해서 '보물찾기' 한 사진을 SNS에 올리면 내가 찾아볼 것이다.

쑥스러워 하지 말고, '8분 글쓰기 습관'에 도전하는 동안 선호하는 SNS에 소식을 올리세요. 인스타그램에 '8분 글쓰기 습관'을 해쉬태 그하면 저(옮긴이)를 포함한 여러 사람이 서로 확인할 수 있습니다.

내일을 위해서, 오늘 밤에도 알람을 설정해 놓자. 내일도 15분 일찍 일어나 눈 뜨자마자 '8분 글쓰기'를 해야 한다. 누구나 할 수 있다!

아침에 글 쓰면 좋은 이유

아침 시간 활용은 중요하다. 많은 유명인사가 아침에 일찍 일어나서 자기만의 시간을 갖는다. 아침에 눈 뜨자마자 글을 쓰면 가장 중요한 일부터 함으로써 생산성을 높일 수 있고, 의식이 잠에서 깨어났을 때 바로 글쓰기를 함으로써 하루 종일 글쓰기 모드를 유지할 수 있다. 또 의식 깊은 곳에 있는 창의성을 깨우는 데도 효과적이다. 특히 밤에 꿈을 많이 꾸는 사람은 기발한 아이디어를 놓치지 않을 수 있다. 《해리포터》 시리즈를 쓴 작가 조앤 K. 롤링이 꿈에서 본 장면을 바탕으로 이야기를 쓴 사실은 유명하다.

나도 꿈을 많이 꾸는 편인데, 어느 때는 정말 흥미진진한 어드벤처로 손색이 없는 이야기가 등장한다. 또 어느 때는 꿈에서 훌륭한 문장을 보고 읽기도 한다. 다음날이 되면, 어렴풋한 기억만 남아 있을 뿐 자세한 내용을 잊어버리기 일쑤여서 아쉬운 경우가 종종 있다. 아침에 눈 뜨자마자 글을 쓰는 데 익숙해지면 이런 소재를 꽉 붙들어 맬 수 있을 것이다.

고백하건대, 나는 요즘 아침 글쓰기 습관을 들이고 있는 중이다. 하지만 잠들기 전 글쓰기는 제법 익숙하다. 하루 대부분을 글쓰기를 염두에 두고 있는 경우가 많기 때문에 자기 직전까지 글을 쓰는 경우가 종종 있다. 아침에 잠에서 깨서 눈을 딱 떴을 때 떠오르는 첫 생각은 대개 잠들기 직전에 했던 생각이라고 한다. 그래서인지 글을 쓰다가 자면 다음날 아침에 글과 관련한 아이디어가 떠오르는 경우가 있다.

아침에 '8분 글쓰기'를 해보되 도저히 맞지 않는다는 느낌이 들면, 밤에 자기 직전에 쓰는 것도 추천한다. 아침에 쓰고, 밤에도 쓰면 금상첨화고!

'8분 글쓰기' 분량 늘리기

오늘의 도전은 두 가지이다. 우선 아침에 늘 하던 것처럼 '8분 글쓰기'를 하라. 샤워하기 전후든 아이들이 깨기 전이든 적당한 때에 글을 쓰는 것이다. 8일 도전이 모두 끝나고 나면 아침에 '8분 글쓰기' 습관을 유용하게 여기게 될 것이다.

그러고 나서 조금 더 글을 쓸 짬을 언제 낼 수 있는지 생각해보라. 시간을 많이 낼 필요는 없다. 그저 한가한 시간에 한두 문장 쓸 정도면 된다. 이를 위해 '보물찾기' 할 때처럼 이동하면서 글을 쓸 수 있는 시간을 고려해도 좋다.

목표는 하루 남은 시간 동안 아침에 처음 쓴 '8분 글쓰기' 분량만큼 더 쓰는 것이다. 가령, 아침 '8분 글쓰기'를 하면서 단어를 250개 썼으면, 남은 하루 동안 적어도 단어 250개 이상 쓸 시간을 확보하는 것이다. 원하면 그보다 더 많이 써도 된다. 하지만 오늘 목표는 아침에 쓴 분량보다 두 배 많이 써서 글쓰기 동력을 유지하는 것이다. 두 배 더 많이 쓰기를 여유 시간에 시도하는 이유다.

오늘 '보물찾기' 사진도 내가 확인할 수 있도록 '#8분글쓰기습관'으로 표시해 SNS에 올려달라.

쑥스러워 하지 말고, '8분 글쓰기 습관'에 도전하는 동안 선호하는 SNS에 소식을 올리세요. 인스타그램에 '8분 글쓰기 습관'을 해쉬태그 하면 저(옮긴이)를 포함한 여러 사람이 서로 확인할 수 있습니다.

'8분 글쓰기'에 대한 책임 완수하기

자, 6일째다. 이제 이틀만 더 도전하면 된다. 할 수 있다. 오늘 도전 과제는 특히 쉽다!

'8분 글쓰기'를 하면서 그날 도전한 모습을 계속 SNS에 올리라고 권유했다. 그렇게 한 사람도 있고 하지 않은 사람도 있을 것이다.

오늘 과제인 '책임'은 '8분 글쓰기'와 함께 매일 반드시 지켜야 한다. 왜? 책임지는 자세는 습관을 들이는 데 매우 중요하기 때문이다. 자기가 얼마나 대단한 사람인지 아무에게도 알리지 않은 채 장막 뒤에 숨어 있으면 사람들에게 당신의 변화를 어떻게 알릴 수 있겠는가?

그러니 어서, '#8분글쓰기습관' 표시와 함께 SNS에 과제를 수행한 모습을 올리라. 당신이 매일 '8분 글쓰기'를 하고 있다는 사실을 다른 도전자들이 확인하도록 말이다.

쑥스러워 하지 말고, '8분 글쓰기 습관'에 도전하는 동안 선호하는 SNS에 소식을 올리세요. 인스타그램에 '8분 글쓰기 습관'을 해쉬태 그하면 저(옮긴이)를 포함한 여러 사람이 서로 확인할 수 있습니다.

작가에게 책임이란, 스스로 약속한 분량을 매일 쓰는 것

책임은 여러 작가가 강조하는 덕목이다. 나탈리 골드버그는 글쓰기 계획을 현실적으로 짜되 철저히 지켜야 한다고 강조한다. 다음 주에 일이 많을 것 같으면, 일주일 동안 15분씩 두 번은 꼭 쓴다고 계획하라고 조언한다. 무엇보다 부담 없는 계획이어야 한다. 계획이 얼마나 화려한가보다 지키는 것이 중요하기 때문이다.

무라카미 하루키도 하루에 200자 원고지 20매 쓰는 것을 반드시 지킨다고 한다. 더 쓰고 싶어도 그 분량에서 멈추고, 잘 안 써지는 날에도 어떻게든 쓰기로 한 만큼 채운다. 출근 도장 찍듯이 매일 새벽 정확하게 그만큼 쓰는 것을 지킨다.

그는 오래 쓰려면 페이스 조절이 중요하기 때문이라고 밝히지만, 비단 그것뿐만이 아니다. 계획은 일종의 자신과의 약속이고, 그 약속을 지키느냐 지키지 못하느냐는 자기 자신에 대한 신뢰와 직결된다. 자신 자신을 신뢰하지 못하는 상태에서 쓴 글은 좋은 내용을 담기 어렵다. 글쓰기 습관을 들이기 어려운 건 당연할 테고 말이다.

'8분 글쓰기' 계획하기

아침이 밝았다! 먼저 '8분 글쓰기'부터 하라. 그런 다음, 오늘 도전에 대한 내용을 읽으라.

'8분 글쓰기'를 마쳤다면, 오늘 도전은 수학이 약간 필요하다는 얘기로 시작해야겠다. 지난 7일에 걸쳐 실천한 '8분 글쓰기'만큼 여러분은 글쓰기 습관을 적립했다. 야호! 여태 쓴 글의 단어를 세서 기록하고 '8분 글쓰기'를 할 때마다 얼마나 썼는지 평균을 파악하라. 100퍼센트 정확할 필요는 없다. 어림잡아 계산하면 된다.

이제 '8분 글쓰기'를 몇 번 더 해야 지금 쓰고 있는 원고를 끝낼 수 있는지 계산해보자. 서른 번? 백 번? 삼백 번? 지금까지 쓴 총 단어 수를 세서 '8분 글쓰기'를 하면서 쓴 평균 단어로 나누면 된다.

완성 원고 분량이 얼마나 될지 잘 모르겠다면, 아래 추정치를 참고하라.

- 장편소설: 80,000 단어 혹은 그 이상
- 소설: 40,000~79,999단어
- 중편소설: 17,500~39,999단어
- 가벼운 중편소설: 7,500~17,499단어
- 단편소설: 7,499단어 혹은 그 이하

마지막으로, 지금 쓰고 있는 원고를 완성하려면 며칠이 걸리는지 파악하는 것이다. 하루에 '8분 글쓰기'를 한 번 하는 것을 가정해서 계산하는 방법이 있다. 또는 한 주에 몇 번은 '8분 글쓰기'를 두 배로 늘릴 경우를 고려해서 파악할 수 있다.

이 모든 요령이 이제 도전이라고 여기기에는 조금 부족하고, 초고를 완성하기엔 더 없이 든든한 방법이라고 느껴지기 시작하는가?

초고를 끝내는 데 '8분 글쓰기'를 몇 번 더 해야 하는지, 며칠이 걸리는지 계산해서 SNS에 올리자. '#8분글쓰기습관'을 다는 것을 잊지 마시라.

쑥스러워 하지 말고, '8분 글쓰기 습관'에 도전하는 동안 매일 선호하는 SNS에 소식을 올리세요. 인스타그램에 '8분 글쓰기 습관'을 해쉬태그하면 저(옮긴이)를 포함해 여러 사람이 서로 확인할 수 있습니다.

'8분 글쓰기' 결산하기

오늘이 '8분 글쓰기' 도전 마지막 날이다! 우리 모두 해냈다!

완주를 축하하면서 이 도전에서 가장 중요한 사항에 대해 말하고자 한다. 바로, 결산하기다!

오늘 '8분 글쓰기'를 마치면서 이번 주 글쓰기 목표를 얼마나 달성했는지 잠시 평가 시간을 갖는 것이다. 얼마나 많이 썼는가? 쓴 글 가운데 이상한 부분은 얼마나 많은가? 앞으로 '8분 글쓰기'를 어떻게 유지할 것인가?

이런 부분을 중심으로 되돌아보고 괜찮다면 그 답을 알려달라. '8분글쓰기습관'을 해쉬태그해서 SNS에 올리면 확인해서 축하하겠다.

쑥스러워 하지 말고, '8분 글쓰기 습관'에 도전하는 동안 매일 선호하는 SNS에 소식을 올리세요. 인스타그램에 '8분 글쓰기 습관'을 해쉬태그하면 저(옮긴이)를 포함해 여러 사람이 서로 확인할 수 있습니다.

8일 도전하기가 끝났다고 해서 '8분 글쓰기'도 끝이라는 의미는 아니다. 앞으로도 쉽게 '8분 글쓰기'를 계속할 수 있으니 할 수 있다는 자신감을 가지라! 이 방법을 잘 활용한 덕분에 책을 출간하게 되기를 진심으로 바란다.

8분 글쓰기 습관

초판 1쇄 인쇄 2017년 6월 27일
초판 1쇄 발행 2017년 7월 5일

지은이	모니카 레오넬
옮긴이	홍주현
펴낸이	문채원
편집	이은미
디자인	이창욱
마케팅	박효정, 정승호, 전지훈

펴낸곳	도서출판 사우
출판	등록 2014-000017호
주소	서울시 양천구 목동동로 50, 1223-508
전화	02-2642-6420
팩스	0504-156-6085
전자우편	sawoopub@gmail.com

ISBN 979-11-87332-10-7   03190

이 도서의 국립중앙도서관 출판예정도서목록(CIP)은 서지정보유통지원시스템 홈페이지(http://seoji.nl.go.kr)와 국가자료공동목록시스템(http://www.nl.go.kr/kolisnet)에서 이용하실 수 있습니다.(CIP제어번호: CIP2017013361)